Anna Haebler · Anna E. Röcker

Atlas der Mondkräfte

Leben im Einklang mit der Natur

Ludwig

Holzschnitt von Flammarion aus dem Jahr 1888.

Seht ihr den Mond dort stehen?
Er ist nur halb zu sehen
und ist doch rund und schön.
So sind wohl manche Sachen,
die wir getrost belachen,
weil unsre Augen sie nicht sehen.

Matthias Claudius (1740 – 1815)

Inhalt

Einführung

Seit Jahrtausenden und in allen Kulturkreisen hat die Kraft des Mondes die Menschen fasziniert. Denn der Mond beherrschte schon immer den Sternenhimmel. Beinahe täglich verändert sich die Art seines Erscheinens. Die silberngoldene Kugel hoch über dem Horizont ist ein Symbol für den ewigen Kreislauf des Werdens und Vergehens.

Buchmalerei aus dem 14.Jahrhundert. Sie zeigt die zwölf heidnischen Philosophen bei der Beobachtung der Sterne.

Schon immer hat der Mond die Menschen in allen Kulturen fasziniert und interessiert.

Sie beobachteten die Vorgänge am Himmel und stellten fest, dass der Mond, je nach seiner Stellung im Verhältnis zur Sonne bzw. zur Erde, verschiedene Phasen durchläuft, in denen er entweder wächst, d.h. zunimmt, oder aber kleiner wird, d.h. abnimmt. Manchmal war er sogar völlig vom Himmel verschwunden.

Die Menschen entdeckten die Zusammenhänge zwischen dem Rhythmus des zunehmenden und abnehmenden Mondes und erkannten, dass viele Vorgänge am Himmel und in der Natur diesem Mondrhythmus unterliegen: Die Gezeiten Ebbe und Flut, das Wachstum der Pflanzen und der dazugehörende richtige Zeitpunkt der Saat, des Pflanzens und der Ernte, der Zyklus der Frau und ihre Menstruation, die Gesundheit sowie die körperliche und seelische Verfassung der Menschen folgen diesem festen Rhythmus.

Der ewige Kreislauf

Der wiederkehrende Zyklus der Mondphasen diente schon sehr früh der Zeitmessung, und die Mondphasen wurden vermutlich zur Grundlage unseres heutigen Kalenders (synodischer Mondumlauf = 29 Tage, 12 Stunden und 44 Minuten, siehe Seite 5). Dadurch konnten bestimmte Ereignisse und auch landwirtschaftliche Aktivitäten wie Aussaat- und Ernteperiode früh genug im Voraus geplant und bestimmt werden.

So wurde die sich verändernde Gestalt des Mondes zu einem Symbol der Wandlung für den ewigen Kreislauf des Werdens und Vergehens.

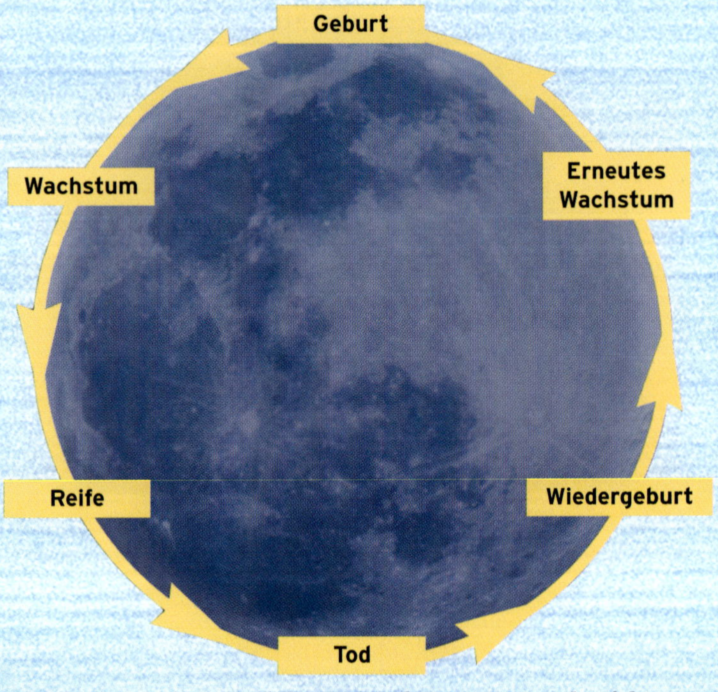

Zyklisch wie die Mondphasen ist der ewige Kreislauf des Lebens, der sich vollzieht von der Geburt bis zur nächsten.

Der Mond astronomisch

Der Mond ist von allen Himmelskörpern der Erde am nächsten. Durch ein Teleskop war es schon Galilei möglich festzustellen, dass es sich bei ihm um eine Kugel handelt und nicht um eine flache, leuchtende Scheibe. Mit einer Geschwindigkeit von 1,03 Kilometern pro Sekunde bewegt sich der Trabant in mehr als 29 Tagen auf einer elliptischen Bahn um die Erde.

Der Mond, lat. Luna, ist ein Trabant der Erde und der einzige Himmelskörper, auf dem man mit bloßem Auge helle und dunkle Gebiete erkennen kann. Über die Entstehung des Mondes gibt es verschiedene Aussagen, jedoch noch immer keine eindeutig gesicherte Theorie. Wissenschaftliche Untersuchungen von Gesteinsproben der Mondoberfläche ergaben, dass das Gestein überwiegend aus Mineralien besteht, die von der Erde her bekannt sind, bzw. das Material in seiner Beschaffenheit dem der Erde sehr ähnlich ist. Allerdings wurden auch Mineralien gefunden, die auf der Erde nicht existieren. Das geschätzte Alter der untersuchten Gesteine beträgt rund vier Milliarden Jahre.

Der Lauf des Mondes

Der Mond beschreibt eine Ellipsenbahn um die Erde mit einer Geschwindigkeit von rund einem Kilometer pro Sekunde im mittleren Abstand von 384 400 Kilometern. Der erdnächste Punkt heißt Perigäum (356 400 km) und der erdfernste Punkt Apogäum (406 700 km).

Um die Erde zu umrunden, braucht der Mond 27 Tage, sieben Stunden und 43 Minuten (= siderischer Mond) oder 29 Tage, 12 Stunden und 44 Minuten (= synodischer Mond). Die unterschiedlichen Monatslängen ergeben sich je nach der Wahl des Bezugspunktes oder einer Bezugslinie, gegenüber denen ein voller Umlauf des Mondes gemessen wird.

Ein siderischer Mondmonat (lat. sidus: Gestirn; siderisch: auf die Sterne bezogen) bezeichnet den Durchlauf des Mondes durch den ganzen Tierkreis. Es ist die Zeit, die der Mond benötigt, um zweimal hintereinander an demselben Stern bzw. derselben Position im Tierkreis vorbeizuziehen.

Ein synodischer Mondmonat (griech. synodos: gemeinsam reisen) ist ein Zyklus, der die Beziehung zwischen Sonne und Mond bezeichnet sowie den Zeitraum zwischen zwei gleichen Mondphasen, z.B. von einem Neumond zum nächsten Neumond.

Mit seinem Umlauf um die Erde dreht sich der Mond auch einmal um seine eigene Achse, wodurch Umlaufzeit und Rotationszeit etwa gleich lang sind (gebundene Rotation). Wir sehen daher immer nur dieselbe Seite des Mondes, seine Rückseite kann von der Erde aus nie beobachtet werden.

Selbstverständlich ging man früher davon aus, dass die Rückseite des Mondes ähnlich aussieht wie seine Vorderseite. Erst 1959 wurde durch die Bilder der Mondsonde »Luna« ersichtlich, dass die Rückseite des Mondes weit weniger zerklüftet ist als die für uns sichtbare Seite.

Während der Mond die Erde umkreist, dreht er sich einmal um seine eigene Achse. Dadurch ist von der Erde aus immer nur eine Seite des Mondes zu sehen.

Mondknoten und Mondfinsternis

Als Mondknoten (oder Drachenkopf) bezeichnet man die Schnittpunkte zwischen der Umlaufbahn des Mondes um die Erde mit der (scheinbaren) Umlaufbahn der Sonne (Ekliptik), die um ca. 5,9 Grad voneinander abweichen. Diese Schnittpunkte liegen im Tierkreis einander gegenüber und bilden die so genannte Mondknotenachse. Sie werden als aufsteigender oder absteigender Mondknoten unterschieden. In der Astrologie finden sie ihre besondere Bedeutung und Beachtung.

Stehen Sonne und Mond zusammen an einem dieser Knoten (Neumondstellung = Konjunktion), kommt es zu einer Sonnenfinsternis. Stehen sie gleichzeitig an den gegenüberliegenden Punkten (Vollmondstellung = Opposition), kommt es zu einer Mondfinsternis.

Eine Mondfinsternis ist im Durchschnitt ein- bis zweimal im Jahr zu beobachten. Sie kann also nur während einer Vollmondphase geschehen, wenn die Opposition von Sonne und Mond nahe der Mondknotenachse stattfindet (= Vollmondeklipse). Dabei unterscheidet man zwischen totaler und partieller Mondfinsternis:

Bei einer totalen Mondfinsternis schiebt sich die Erde zwischen Sonne und Mond, und der Mond tritt in den Erdschatten ein. Der Mond wird somit nicht mehr von der Sonne angestrahlt. Eine totale Mondfinsternis kann bis zu 100 Minuten andauern.

Bei einer partiellen Mondfinsternis dringt der Mond nur teilweise in den Kernschatten der Erde ein.

Monddaten auf einen Blick

Mittlere Entfernung von der Erde	**384 400 km**
Der erdnächste Punkt (Perigäum)	**356 400 km**
Größte Erdentfernung (Apogäum)	**406 700 km**
Durchmesser	**3 476 km**
Masse	**1/81 Erdmasse**
Dichte	**3,3 g/cm^3**
Siderische Umlaufzeit (Stern - Stern)	**27,32 Tage**
Synodische Umlaufzeit (Neumond - Neumond)	**29,53 Tage**

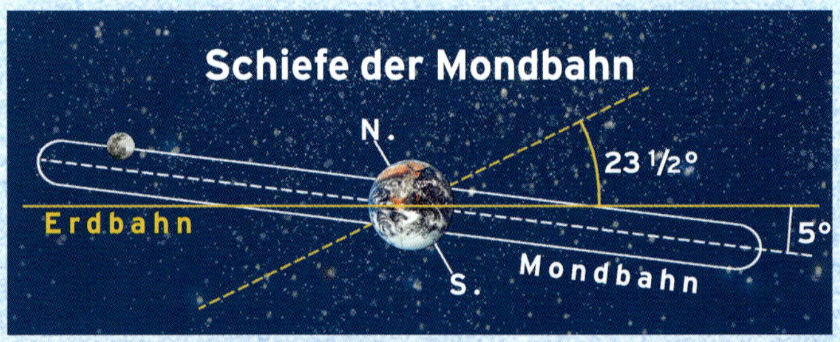

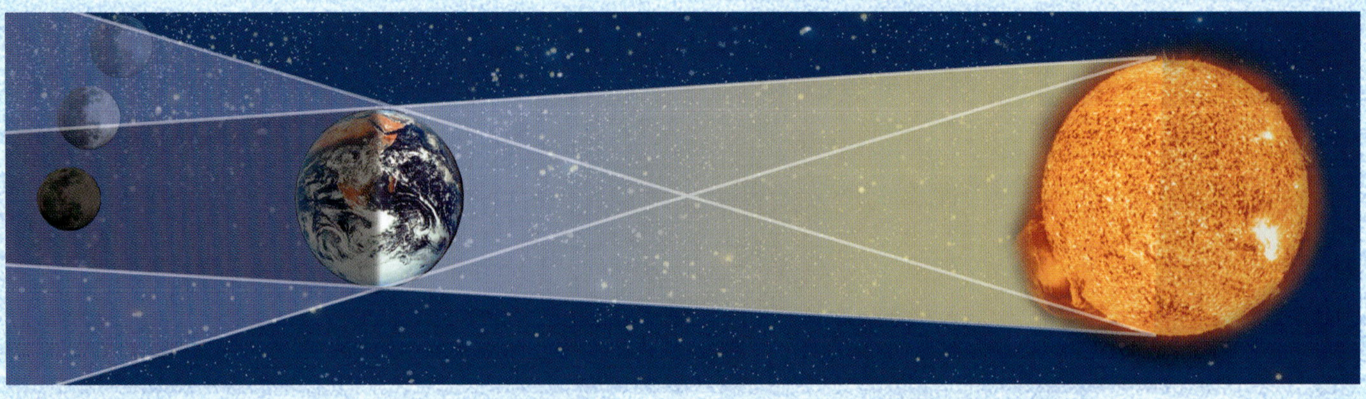

Wenn sich der Mond im Kernschatten der Erde befindet, kommt es zur totalen Mondfinsternis.

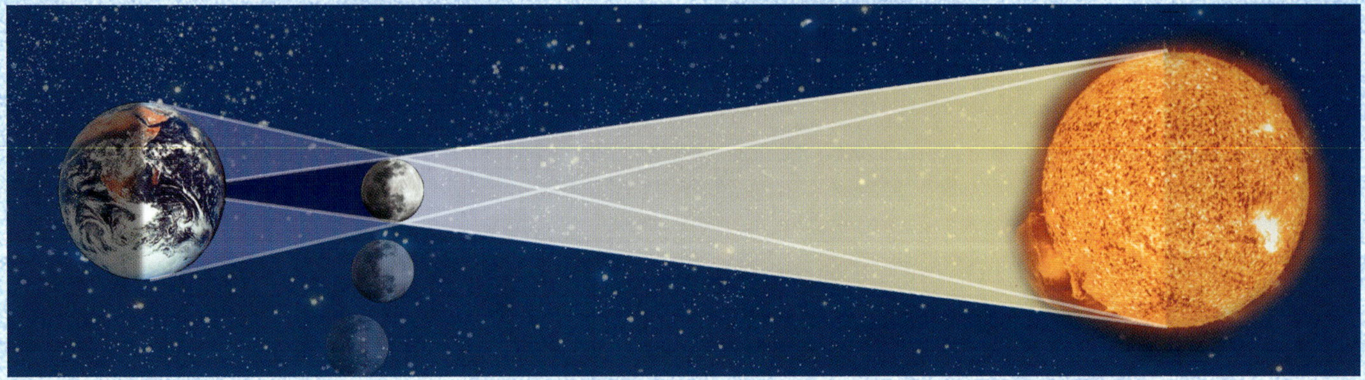

Eine Sonnenfinsternis hingegen findet statt, wenn sich die Erde im Kernschatten des Mondes befindet.

Mondfinsternisse 1920–2014

Datum	Zeit	Art	Mond im Tierkreiszeichen
03.05.1920	02.51	total	Skorpion
27.10.1920	15.11	total	Stier
22.04.1921	08.44	total	Skorpion
16.10.1921	23.54	partiell	Widder
03.03.1923	04.32	partiell	Jungfrau
26.08.1923	11.39	partiell	Fische
20.02.1924	17.09	total	Jungfrau
14.08.1924	21.20	total	Wassermann
08.02.1925	22.42	partiell	Löwe
04.08.1925	12.53	partiell	Wassermann
15.06.1927	09.24	total	Schütze
08.12.1927	18.35	total	Zwillinge
03.06.1928	13.10	total	Schütze
27.11.1928	10.01	total	Zwillinge
13.04.1930	06.58	partiell	Waage
07.10.1930	20.07	partiell	Widder
02.04.1931	21.08	total	Waage
26.09.1931	05.41	partiell	Jungfrau
22.03.1932	13.32	partiell	Waage
14.09.1932	22.01	partiell	Fische
30.01.1934	17.42	partiell	Löwe
26.07.1934	13.15	partiell	Wassermann
19.01.1935	16.47	total	Krebs
16.07.1935	06.00	total	Steinbock
08.01.1936	19.10	total	Krebs
04.07.1936	18.25	partiell	Steinbock
18.11.1937	09.19	partiell	Stier
14.05.1938	09.44	total	Skorpion
07.11.1938	23.26	total	Stier
03.05.1939	16.11	total	Skorpion
28.10.1939	07.36	partiell	Stier
13.03.1941	12.55	partiell	Jungfrau
05.09.1941	18.47	partiell	Fische
03.03.1942	01.21	total	Jungfrau
26.08.1942	04.48	total	Fische
20.02.1943	06.38	partiell	Jungfrau
15.08.1943	20.28	partiell	Wassermann
25.06.1945	16.14	partiell	Steinbock
19.12.1945	03.20	total	Zwillinge
14.06.1946	19.39	total	Schütze
08.12.1946	18.48	total	Zwillinge
03.06.1947	20.15	partiell	Schütze
23.04.1948	14.39	partiell	Skorpion
13.04.1949	05.11	total	Waage
07.10.1949	03.56	total	Widder
02.04.1950	21.44	total	Waage
26.09.1950	05.17	total	Jungfrau
11.02.1952	01.39	partiell	Löwe
05.08.1952	20.47	partiell	Wassermann
30.01.1953	00.47	total	Löwe
26.07.1953	13.21	total	Wassermann
19.01.1954	03.32	total	Krebs
16.07.1954	01.20	partiell	Steinbock
29.11.1955	17.59	partiell	Zwillinge
24.05.1956	16.31	partiell	Schütze
18.11.1956	07.48	total	Stier
13.05.1957	23.31	total	Skorpion
07.11.1957	15.27	total	Stier
03.05.1958	13.13	partiell	Skorpion
24.03.1959	21.11	partiell	Waage
13.03.1960	09.28	total	Jungfrau
05.09.1960	12.21	total	Fische
02.03.1961	14.28	partiell	Jungfrau
26.08.1961	04.08	partiell	Fische
06.07.1963	23.02	partiell	Steinbock
30.12.1963	12.07	total	Krebs
25.06.1964	02.06	total	Steinbock
19.12.1964	03.37	total	Zwillinge
14.06.1965	02.49	partiell	Schütze
24.04.1967	13.06	total	Skorpion
18.10.1967	11.15	total	Widder
13.04.1968	05.47	total	Waage
06.10.1968	12.42	total	Widder
21.02.1970	09.30	partiell	Jungfrau
17.08.1970	04.23	partiell	Wassermann
10.02.1971	08.45	total	Löwe
06.08.1971	20.43	total	Wassermann
30.01.1972	11.53	total	Löwe
26.07.1972	08.16	partiell	Wassermann
10.12.1973	02.44	partiell	Zwillinge
04.06.1974	23.16	partiell	Schütze
29.11.1974	16.13	total	Zwillinge
25.05.1975	06.48	total	Schütze
18.11.1975	23.23	total	Stier
13.05.1976	20.54	partiell	Skorpion
04.04.1977	05.18	partiell	Waage
24.03.1978	17.22	total	Waage
16.09.1978	20.04	total	Fische
13.03.1979	22.08	partiell	Jungfrau
06.09.1979	11.54	total	Fische
17.07.1981	05.47	partiell	Steinbock
09.01.1982	20.56	total	Krebs
06.07.1982	08.31	total	Steinbock
30.12.1982	12.29	total	Krebs
25.06.1983	09.22	partiell	Steinbock
04.05.1985	20.56	total	Skorpion
28.10.1985	18.42	total	Stier
24.04.1986	13.43	total	Skorpion
17.10.1986	20.18	total	Widder
27.08.1988	12.05	partiell	Fische
20.02.1989	16.35	total	Jungfrau
17.08.1989	04.08	total	Wassermann
09.02.1990	20.11	total	Löwe
06.08.1990	15.12	partiell	Wassermann
21.12.1991	11.33	partiell	Zwillinge
15.06.1992	05.57	partiell	Schütze
10.12.1992	00.44	total	Zwillinge
04.06.1993	14.00	total	Schütze
29.11.1993	07.26	total	Zwillinge
25.05.1994	04.30	partiell	Schütze
15.04.1995	13.18	partiell	Waage
04.04.1996	01.10	total	Waage
27.11.1996	03.54	total	Widder
24.03.1997	05.39	partiell	Waage
16.09.1997	19.47	total	Fische
28.07.1999	12.34	partiell	Wassermann
21.01.2000	05.44	total	Löwe
16.07.2000	14.56	total	Steinbock
09.01.2001	21.21	total	Krebs
05.07.2001	15.55	partiell	Steinbock
16.05.2003	04.40	total	Skorpion
09.11.2003	02.19	total	Stier
04.05.2004	21.30	total	Skorpion
28.10.2004	04.04	total	Stier
17.10.2005	13.03	partiell	Widder
07.09.2006	19.51	partiell	Fische
04.03.2007	00.21	total	Jungfrau
28.08.2007	11.37	total	Fische
21.02.2008	04.26	total	Jungfrau
16.08.2008	22.10	partiell	Wassermann
31.12.2009	20.23	partiell	Krebs
26.06.2010	12.39	partiell	Steinbock
21.10.2010	09.17	total	Zwillinge
15.06.2011	21.13	total	Schütze
10.12.2011	15.32	total	Zwillinge
04.06.2012	12.03	partiell	Schütze
25.04.2013	25.08	partiell	Skorpion
15.04.2014	09.46	total	Waage

Der Mond astrologisch

Die Astrologie gibt wertvolle Hinweise darüber, welche individuellen Anlagen und Potenziale in jedem von uns enthalten sind. Zwischen dem konstanten Prinzip der Sonne und dem aufnehmenden, sich wandelnden Prinzip des Mondes besteht ein ständiger Austausch. Unser Geburtshoroskop gibt Auskunft über das Entwicklungspotenzial unserer Persönlichkeit.

Das Geburtshoroskop

Bei der Charakterisierung, die man aufgrund eines Horoskops über einen Menschen machen kann, wird der Stellung der Sonne bei der Geburt eine große Bedeutung beigemessen. Ein Zwilling z.B. oder ein Schütze zu sein, bedeutet, die Sonne stand zum Zeitpunkt der Geburt im Zeichen des Zwillings oder des Schützen. Alleine daraus können wir einige treffende Aussagen über Verhaltensweisen, Vorlieben und Neigungen einer Person machen.

Obwohl die Sonne bei der Deutung eines Horoskops als ein wesentlicher Schlüssel zum Verständnis der Persönlichkeit eines Menschen betrachtet werden muss, ist sie nicht der einzige Punkt, der wichtig ist, um den Charakter eines Menschen zu beschreiben. So ist uns allen bewusst, dass die vielen Menschen, die im gleichen »Stern-Zeichen« geboren werden, natürlich sehr verschieden sind. Aus einer Fülle von Faktoren, die aus dem Horoskop ersichtlich sind, ergibt sich ein komplexes Bild, das uns erkennen lässt, wie einzigartig jedes Menschenwesen ist. Es zeigt symbolisch, welche Anlagen und Fähigkeiten zur Persönlichkeit eines Menschen gehören und wie vielschichtig und kompliziert jedes Individuum ist.

Die besondere Stärke der Astrologie liegt darin, dass sie eine Person weder kategorisiert noch in ein starres Schema zwängt, sondern wertvolle Hinweise darüber gibt, welche individuellen Anlagen und Potenziale in jedem von uns enthalten sind. Sie bietet durch die Auseinandersetzung mit dem Geburtshoroskop die Möglichkeit, ein deutlicheres und objektiveres Bewusstsein über das Entwicklungspotenzial seiner Persönlichkeit zu gewinnen. Somit kann man sich selbst und andere besser verstehen und akzeptieren und möglicherweise auch zu der eigenen, wahren Bestimmung im Leben finden.

Beispiel eines Geburtshoroskops: Bei dieser Person befindet sich der Geburtsmond ☽ im Löwen ♌ und die Sonne ☉ im Schützen ♐.

Sonne und Mond

Sonne und Mond wurden über die Jahrtausende hinweg voller Verehrung, aber auch voller Furcht betrachtet. Die Menschen haben sich schon immer nach dem Stand von Sonne und Mond gerichtet, nach deren zyklischer Beziehung zueinander (Mondphasen) und dem Einfluss, den sie auf die Erde haben. In der traditionellen Symbolik stehen Sonne und Mond für das Prinzip der Polarität sowohl in unserer materiellen, physischen Welt als auch in unserem seelischen und emotionalen Erleben.

Sie stehen für

- männlich und weiblich,
- Vater und Mutter,
- Bewusstes und Unbewusstes,
- für den Erwachsenen und das Kind.

Auch in unserem persönlichen, alltäglichen Leben regulieren die wechselnden Rhythmen von Sonne und Mond den Zyklus von Tag und Nacht.

Die Sonne als das »Licht des Tages« regiert den hellen, lichten, strahlenden Tag. Sie verkörpert die konstante, bewusste, männliche Seite. Als Zentrum des Universums wird ihr die größte Energie zugeschrieben.

Der Mond als das »Licht der Nacht« sendet kein eigenes Licht, sondern reflektiert das Licht der Sonne. Ihm gehört die Welt der Nacht. Der Mond ist Symbol für die weibliche, aufnehmende, sich ständig wandelnde, unbewusste Seite. Alles Geheimnisvolle, Fruchtbare, Verborgene, Kühle und Feuchte wird ihm zugeordnet.

DIE SONNE als Symbol des Ichs und des männlichen Prinzips steht für Bewusstsein, für Rationalität, Wille, Aktivität und für Lebenskraft. Vor allem aber symbolisiert sie den Weg und das Ziel eines Menschen: das, was er wirklich ist und zum Ausdruck bringen will, sein Verlangen, sich zu einem eigenständigen Wesen zu entwickeln.
DER MOND symbolisiert im Gegensatz dazu das mütterlich-weibliche Prinzip. Er steht für das Unbewusste, Irrationale, Passive, für die Instinkte und Triebe eines Menschen. Der Mond ist auch ein Symbol für die persönliche Mutter. Er spiegelt die Kindheitserfahrungen und Einstellungen zu Weiblichkeit und Mütterlichkeit. Ferner steht der Mond für das Bedürfnis nach Beziehungen, Nähe, emotionaler Sicherheit und Geborgenheit, für die Welt der Gefühle, das Zuhause, die Herkunft und die Familie.

> *Wie Sonne und Mond ergänzen sich die männliche und weibliche Seite in einem selbst gegenseitig.*

Zwischen dem konstanten Prinzip der Sonne und dem aufnehmenden, sich wandelnden Prinzip des Mondes besteht ein ständiger Austausch. Auch in unserem persönlichen Leben sind wir um ein rhythmisches Gleichgewicht bemüht, das sich in der Beziehung von Sonne und Mond am Himmel widerspiegelt. Die männlichen und weiblichen Kräfte unserer Psyche bedingen sich gegenseitig, und unsere Persönlichkeit ist angewiesen auf ein harmonisches Zusammenspiel der Gegensätze von Wünschen (Mond) und Wollen (Sonne), von aktivem Tun (Sonne) und der Bereitschaft, die Dinge einfach geschehen zu lassen (Mond). Dem Mond Ausdruck zu verleihen, bedeutet, sich seelisch zu öffnen und der eigenen Stimme zu vertrauen.

Die richtige Mischung und Balance zwischen diesen männlichen und weiblichen Wesensanteilen zu finden, bedeutet für viele Menschen ein lebenslanges Bemühen und Ringen.

Der Mond – ein wichtiger Begleiter im Leben

Gerade in unserer globalen, rationalen, materialistischen Welt ist den meisten von uns der Zugang zum Unbewussten, zu den tiefsten Inhalten der Seele, die durch den Mond symbolisiert werden, verloren gegangen. Unsere Intentionen gehen zum großen Teil nach außen, und alles, was wir tun, muss vernünftig begründet sein. Das Unbewusste schwingt immer mit. Trotzdem haben wir häufig zugunsten intellektueller, rationaler Sichtweisen unsere emotionalen Bedürfnisse stark verdrängt.

Aus dieser Missachtung eines so wesentlichen Teils unserer Persönlichkeit können seelische und körperliche Erkrankungen resultieren. Krankheit ist ein Hinweis darauf, dass uns der Kontakt zu einem Teil unseres Wesens, zu unseren Gefühlen und Empfindungen verloren gegangen ist. Wir haben vergessen, dass sie die Quelle unserer Vitalität sind. Deshalb ist es von großer Bedeutung, uns diesen Teil unseres Wesens wieder bewusst zu machen.

In der Astrologie bilden Sonne und Mond ein wichtiges Paar. Besonders dem Zusammenspiel dieser beiden Planeten im Verhältnis zur Erde wird große Bedeutung beigemessen. Ebenso wichtig ist, in welchem der zwölf Tierkreiszeichen der Mond stand zum Zeitpunkt der Geburt. Bei einer astrologischen Betrachtungsweise ist es nötig, zwischen dem

- Tierkreiszeichen und dem Haus des Mondes im Geburtshoroskop und der
- Phase des Mondes, in der ein Mensch geboren wurde,

zu unterscheiden.

»Sol« und »Luna«, zwei Buchminiaturen aus dem 15. Jahrhundert.

Wie man seinen Geburtsmond findet

Es ist sehr einfach zu ermitteln, in welchem Tierkreiszeichen sich der Mond an jedem beliebigen Tag bewegt. Dementsprechend können Sie auch Ihren Geburtsmond anhand der nebenstehenden Tabellen leicht finden.

So aufwändig wie im Mittelalter ist es heute nicht mehr. Heute werden Geburtshoroskope vom Computer erstellt.

Die Methode zur Ermittlung des Geburtsmondes ist allerdings nicht ganz genau, weil sie die Geburtsstunde außer Acht lässt. Wechselte der Mond am Geburtstag in ein anderes Zeichen, ist beim Ergebnis eine Abweichung um ein Zeichen durchaus möglich. Wenn Sie hier ganz sicher sein wollen, in welchem Zeichen der Mond zum Zeitpunkt Ihrer Geburt stand, dann gibt es im Internet mittlerweile Astrodienste, die nicht nur den Geburtsmond, sondern gleich das gesamte Horoskop errechnen.

Fünf Schritte bis zum Geburtsmond

1. Aus Tabelle 1 notieren Sie sich die Kennzahl, die neben Ihrem Geburtsjahr steht.

2. Aus Tabelle 2 entnehmen Sie die Kennzahl Ihres Geburtsmonats.

3. Addieren Sie bitte die ermittelten Zahlen, und zählen Sie noch die Zahl Ihres Geburtstages hinzu. War der Geburtstag in einem Schaltjahr, muss noch die Ziffer 1 addiert werden.

4. Haben Sie eine Summe bis einschließlich 26 ermittelt, ist dies bereits die Zahl Ihres Geburtsmondes. Beträgt die Summe 27 oder mehr, müssen Sie davon die nächstgelegene der Zahlen 27, 55 oder 82 abziehen.

5. In Tabelle 3 können Sie nun das Tierkreiszeichen bestimmen, in dem sich der Mond an Ihrem (oder anderer) Geburtstag(e) aufhielt.

Beispiele

Herr K. wurde am 6.11.1943 geboren.

Jahreskennzahl	**14**
Monatskennzahl	**3**
Geburtstag	**6**
Summe	**23**
Ergebnis	**23**

Der Geburtsmond von Herrn K. steht somit im Zeichen des Wassermann.

Frau B. wurde am 24.9.1980 geboren.

Jahreskennzahl	**5 + 1 (Schaltjahr)**
Monatskennzahl	**24**
Geburtstag	**24**
Summe	**54**
Differenz	**54–27 = 27**
Ergebnis	**27**

Der Geburtsmond von Frau B. steht somit im Zeichen des Widder.

Tabelle 1 Die Jahreskennzahlen

Jahr	Kennzahl	Jahr	Kennzahl	Jahr	Kennzahl	Jahr	Kennzahl
1901	3	**1928**	0	**1955**	26	**1982**	25
1902	13	**1929**	12	**1956**	10	**1983**	8
1903	22	**1930**	21	**1957**	20	**1984**	18
1904	4	**1931**	3	**1958**	2	**1985**	1
1905	16	**1932**	13	**1959**	12	**1986**	11
1906	26	**1933**	25	**1960**	23	**1987**	21
1907	8	**1934**	7	**1961**	6	**1988**	4
1908	17	**1935**	16	**1962**	15	**1989**	14
1909	1	**1936**	26	**1963**	25	**1990**	24
1910	11	**1937**	10	**1964**	8	**1991**	7
1911	20	**1938**	20	**1965**	19	**1992**	17
1912	3	**1939**	2	**1966**	1	**1993**	27
1913	14	**1940**	12	**1967**	11	**1994**	9
1914	24	**1941**	23	**1968**	21	**1995**	20
1915	6	**1942**	5	**1969**	4	**1996**	2
1916	16	**1943**	14	**1970**	13	**1997**	13
1917	0	**1944**	25	**1971**	24	**1998**	22
1918	10	**1945**	9	**1972**	7	**1999**	5
1919	19	**1946**	18	**1973**	17	**2000**	16
1920	1	**1947**	0	**1974**	26	**2001**	26
1921	13	**1948**	11	**1975**	10	**2002**	9
1922	23	**1949**	22	**1976**	20	**2003**	18
1923	5	**1950**	4	**1977**	3	**2004**	27
1924	14	**1951**	13	**1978**	12	**2005**	12
1925	26	**1952**	24	**1979**	23	**2006**	21
1926	8	**1953**	7	**1980**	5	**2007**	4
1927	17	**1954**	17	**1981**	16	**2008**	14

Tabelle 2 Die Monatskennzahlen

Monat	Kennzahl	Monat	Kennzahl
Januar	0	Juli	17
Februar	4	August	21
März	4	September	24
April	8	Oktober	27
Mai	11	November	3
Juni	14	Dezember	6

Tabelle 3 Die Tierkreiszeichen

Widder	0, 1, 27
Stier	2, 3, 4
Zwillinge	5, 6
Krebs	7, 8
Löwe	9, 10
Jungfrau	11, 12, 13
Waage	14, 15
Skorpion	16, 17
Schütze	18, 19
Steinbock	20, 21, 22
Wassermann	23, 24
Fische	25, 26

Der Mond in den Tierkreiszeichen

Auf seinem rund 29-tägigen Umlauf um die Erde durchwandert der Mond die zwölf Zeichen des astrologischen Tierkreises und passiert dabei alle zwei bis drei Tage ein neues Zeichen. Jedem der zwölf Tierkreiszeichen werden bestimmte Körperregionen des menschlichen Organismus zugeordnet.

Die Zeichnung der Brüder Limburg aus dem Stundenbuch des Duc de Berry »Très riches heures« (um 1415) zeigt den Einfluss der Sternbilder auf den menschlichen Körper.

Der Mond benötigt bei seinem Lauf um die Erde etwa 28 Tage. Dabei durchwandert er die zwölf Zeichen des astrologischen Tierkreises und passiert alle zwei bis drei Tage ein neues Zeichen (vom Widder bis zu den Fischen). Jedes Zeichen, in dem der Mond steht, besitzt charakteristische Merkmale. Menschen sowie die gesamte Natur unterliegen diesem Einfluss. Befindet sich der Mond auf dieser Wanderung gerade in demselben Tierkreiszeichen wie am Tag der Geburt (siehe Tabelle Seite10 ff. und Seite 16 ff.), steht man physisch und psychisch verstärkt unter dem Einfluss des Mondes. Wir können diese Zeit effektiv nutzen, denn es ist eine kreative Phase, die uns erlaubt, wichtige und bedeutungsvolle Handlungen zu vollziehen, den Grundstein für etwas Neues zu legen oder andere positive Resultate zu erzielen.

Auch werden jedem der zwölf Tierkreiszeichen bestimmte Körperregionen des menschlichen Organismus zugeordnet (siehe rechte Seite). Befindet sich nun der Mond auf seinem Lauf durch den Tierkreis in einem bestimmten Zeichen, ist auch der entsprechende Bereich des Körpers besonders sensibilisiert. Wenn wir in diesen Zeiten achtsam sind und uns unserem Körper widmen und ihm die nötige Pflege zukommen lassen, kann auch dies wesentlich zur Gesunderhaltung unseres Körpers beitragen.

Auf dieser Darstellung von Giovanni B. Agnese aus dem 16. Jahrhundert ist zu erkennen, dass nicht die Sonne, sondern die Erde im Mittelpunkt des Tierkreises steht.

Der Einfluss des Mondes

Allgemeine Tendenzen, die Einflüsse, Wirkungen, Stimmungen und Gefühle des Zeichens, in dem sich der vorüberziehende Mond gerade befindet, sind oft subtil, fließend und persönlicher Art. Es ist eine kreative Phase, in der wir wesentliche Einsichten gewinnen und die uns gestattet, entsprechend einsichtig zu handeln.

Mond im Zeichen Widder

KÖRPERREGION Kopf, Gesicht, Gehirn, Augen
STICHWORT Risikofreude und Konfliktbereitschaft, starke Gefühle, spontane Reaktionen, geringe Frustrationstoleranz. Man ist gern unterwegs, innerlich unruhig, nervös.

Mond im Zeichen Stier

KÖRPERREGION Hals, Nacken, Schultern, Mund, Schlund, Speiseröhre, Schilddrüsen
STICHWORT Bedürfnis nach sinnlichem Vergnügen, Zufriedenheit, Gemütlichkeit, innerer Ruhe. Praktisches, Bodenständiges hat Vorrang, das Gefühl von Sicherheit dominiert.

Mond im Zeichen Zwillinge

KÖRPERREGION Lunge, Bronchien, Schlüsselbeine, Arme und Hände, Nervensystem
STICHWORT Unbekümmerte, unverbindliche Stimmung. Man ist grundsätzlich an allem interessiert und mitteilsam. Ein guter Zeitpunkt, um Kontakte zu knüpfen.

Mond im Zeichen Krebs

KÖRPERREGION Magen, Brust, Drüsen, Leber, Galle, Gebärmutter, Lymphen
STICHWORT Große Sensibilität, romantische, verträumte Stimmungen. Gefühle wechseln wie die Phasen des Mondes. Starkes Seelenleben und großer Bezug zum eigenen Wesen und Unbewussten.

Mond im Zeichen Löwe

KÖRPERREGION Herz, Blutkreislauf, Rücken
STICHWORT Die Bewältigung des Alltags geschieht schwungvoll und optimistisch. Kreative, spielerische, schöpferische Elemente sollten genutzt werden.

Mond im Zeichen Jungfrau

KÖRPERREGION Darm, Verdauungstrakt, Stoffwechsel, Sonnengeflecht, Nerven
STICHWORT Man hat das Bedürfnis, effektiv zu arbeiten, Impulse aufzugreifen und umzusetzen. Ein guter Instinkt für Gesundheit, Ernährung und Fitness ist spürbar.

Mond im Zeichen Waage

KÖRPERREGION Nieren, Blase, Haut, Bauchspeicheldrüse
STICHWORT Während dieser Zeit will man Abwechslung und Heiterkeit. Man ist kontaktfreudig, sucht den Austausch mit anderen. Konflikten geht man aus dem Weg; Versöhnung und Kompromissbereitschaft sind angesagt.

Mond im Zeichen Skorpion

KÖRPERREGION Geschlechtsorgane, Ausscheidungsorgane
STICHWORT Skorpiontage eignen sich hervorragend, um sich mit verdrängten Seiten des eigenen Wesens auseinander zu setzen und allgemein menschliche Schwächen und Schattenseiten zu verstehen und zu akzeptieren.

Mond im Zeichen Schütze

KÖRPERREGION Hüften, Oberschenkel, Leber, Galle
STICHWORT Idealistische und enthusiastische Grundstimmung. Große Leistungs- und Bewegungsfreude. Man ist gerne unterwegs und hat Lust, dort zu sein, wo sich Neues und Aufregendes ereignen könnte.

Mond im Zeichen Steinbock

KÖRPERREGION Knochensystem, Knie, Nägel, Gelenke
STICHWORT Diese Tage eignen sich gut, um sich zu sammeln, innerlich zur Ruhe zu kommen und Kraft zu schöpfen. Man ist realitätsbezogen, arbeitet konsequent, zuverlässig, diszipliniert und ausdauernd.

Mond im Zeichen Wassermann

KÖRPERREGION Unterschenkel, Bauchspeicheldrüse, Venen
STICHWORT Man kann sich problemlos auf neue Situationen und Menschen ein- und umstellen. Es ist oft die Zeit, in der man Freunde und Gleichgesinnte um sich haben möchte. Man ist gastfreundlich, gesellig und geistreich.

Mond im Zeichen Fische

KÖRPERREGION Füße und Knöchel, Lymphen
STICHWORT Verträumtheit, Phantasie; große Sensitivität für alles, was »in der Luft liegt«. Man hat häufig das Bedürfnis, sich in Stille zurückzuziehen und zu meditieren.

Der Mond in den Elementen

Besonders das Tierkreiszeichen, in dem sich der Mond im Augenblick der Geburt befindet, beeinflusst unser Verhalten. Es zeigt, wie der Einzelne von der Umwelt geprägt wird und wie er gefühlsmäßig darauf reagiert. Wir können auch etwas darüber erfahren, welche Grundbedürfnisse ein Individuum hat, um sich innerlich sicher, geborgen und angenommen zu fühlen.

Die zwölf Tierkreiszeichen werden auch den vier Elementen Feuer, Erde, Wasser, Luft zugeordnet:

- Widder, Löwe, Schütze sind Feuerzeichen.
- Zwillinge, Waage, Wassermann sind Luftzeichen.
- Stier, Jungfrau, Steinbock sind Erdzeichen.
- Krebs, Skorpion, Fische sind Wasserzeichen.

Feuerzeichen

Befindet sich der Mond bei der Geburt in einem der Feuerzeichen, sind diesen Zeichen idealistische, enthusiastische, warme und herzliche Gefühle gemeinsam. Menschen mit einem Feuermond beeindrucken durch ihr aufgeschlossenes, großzügiges Wesen und durch ihre lebendige Ursprünglichkeit.

Sie begegnen anderen Menschen mit Offenheit und Wohlwollen. Es fällt ihnen leicht, sie zu motivieren, zu begeistern, sie positiv zu stimmen und ihnen ehrliche Gefühle entgegenzubringen. Ihr Grundbedürfnis ist es, genügend Spielraum und Bewegungsfreiheit zu haben, um ihre Phantasien und Pläne ausleben zu können und um Ideen und Impulse durchzusetzen. Sie fühlen sich wohl, wenn ihnen Bestätigung, Anerkennung, Aufmerksamkeit und Bewunderung entgegengebracht werden. Auch brauchen sie das Gefühl der emotionalen Freiheit und Ungebundenheit.

Stich aus dem 17. Jahrhundert aus England. Er zeigt den Ursprung der Welt auf der Basis der vier Elemente.

In Stichworten die wichtigsten Merkmale der drei Mondtypen in den Feuerzeichen:

- **WIDDER** impulsive, spontane Gefühle und Reaktionen; risikofreudig, direkt, eigenwillig, burschikos, selbstständig, unkompliziert, offen, phantasievoll, konfliktbereit
- **LÖWE** warme, herzliche und optimistische Gefühle; sonnig, natürlich, souverän, unbekümmert, gutmütig, großzügig, zuversichtlich sowie schöpferisch und glücklich
- **SCHÜTZE** idealistische Gefühle und positive Lebenseinstellung; impulsiv, jovial, fröhlich, begeisterungsfähig, wohlwollend, freiheitsliebend, humorvoll und aufgeschlossen.

Luftzeichen

Befindet sich der Mond bei der Geburt in einem der Luftzeichen, sind diesen Zeichen liebenswürdige, positive, freundschaftliche und lebendige Gefühle gemeinsam. Menschen mit einem Mond in einem Luftzeichen haben die natürliche Begabung, besonders unbeschwert, kontaktfreudig und unterhaltsam zu sein.

Sie sind stets ausgleichend und um Fairness und Objektivität bemüht. Sie haben ein großes Bedürfnis nach Abwechslung, sich auszutauschen, sich intellektuell auseinander zu setzen und danach, den Kontakt mit anderen Menschen zu pflegen. Sie fühlen sich wohl, wenn sie ihre Gedanken frei zum Ausdruck bringen und neue, interessante Dinge erfahren und herausfinden können. Sie brauchen das Gefühl einer inneren Freiheit und Unabhängigkeit sowie die Möglichkeit, sich ab und zu emotional zurückziehen zu können.

In Stichworten die wichtigsten Merkmale der drei Mondtypen in den Luftzeichen:

- **ZWILLINGE** unbekümmerte, naive, leichte, unverbindliche Gefühle; unruhig, heiter, quirlig, nervös, interessiert, kontaktfreudig, mitteilungsbedürftig und unabhängig, spielerisch
- **WAAGE** harmonische und liebevolle Gefühle; freundlich, feinfühlig, unbeschwert, friedfertig, Du-bezogen, künstlerisch, anpassungsbereit, bezaubernd und diplomatisch
- **WASSERMANN** aufrichtige und beständige Gefühle; freundschaftlich, tolerant, verständnisvoll, freiheitsliebend, eigenständig und unabhängig, empfindsam und verletzlich.

Erdzeichen

Befindet sich der Mond bei der Geburt in einem der Erdzeichen, sind diesen Zeichen natürliche, zärtliche, vorsichtige, beständige und sinnliche Gefühle gemeinsam. Menschen mit einem Mond in den Erdzeichen sind überaus geduldig und verständnisvoll.

Sie strahlen eine innere Ruhe und Zufriedenheit aus, und die Fürsorge, Hilfsbereitschaft und das Interesse, das sie ihren Mitmenschen entgegenbringen, sind unübertroffen. Ihr Grundbedürfnis ist es, sich nützlich zu fühlen, tätig zu sein und auf praktische Weise mit dem Leben umzugehen. Sie fühlen sich wohl, wenn die für sie existenziellen Dinge gesichert sind. Erd-Mondzeichen strukturieren ihren Alltag gerne anhand fester Rituale und klarer Verhaltensregeln. Auf diese Weise schaffen sie sich einen Orientierungsrahmen, der ihnen hilft, das Leben zu meistern. Es ist für sie wichtig, sich von Zeit zu Zeit in die Privatsphäre zurückziehen zu können, um sich zu sammeln und Kraft zu schöpfen.

In Stichworten die wichtigsten Merkmale der drei Mondtypen in den Erdzeichen:

- **STIER** liebevolle, friedliche, sinnliche Gefühle; ruhig, gutmütig, beständig, treu, gemütlich, körperbetont, geduldig, friedfertig, zufrieden, emotional, zärtlich und gesellig
- **JUNGFRAU** vorsichtige, vernünftige Gefühle; sensibel, empfindsam, ruhig, verständnisvoll, gewissenhaft, realistisch, zuvorkommend sowie hilfsbereit und anpassungsfähig
- **STEINBOCK** klare und dauerhafte Gefühle; introvertiert, liebevoll, empfindsam, treu, zuverlässig, loyal, fürsorglich, verantwortungsvoll sowie zurückhaltend und ernst.

Wasserzeichen

Befindet sich der Mond bei der Geburt in einem der Wasserzeichen, sind diesen Zeichen fürsorgliche, sensible, starke, aufopfernde und grenzenlose Gefühle gemeinsam. Menschen mit einem Mond in Krebs, Skorpion oder Fische sind von Natur aus besonders liebevoll und hingabefähig.

Ihr Innenleben ist ein unerschöpfliches Reservoir an Ideen und Bildern, die in irgendeiner Form künstlerisch-gestalterisch Ausdruck finden sollten. Ihr Grundbedürfnis ist es, sich mit anderen gefühlsbetonten Menschen auszutauschen und deren Empfindungen zu verstehen. Sie zu beschützen, zu fördern oder zu unterstützen ist ein wichtiger Lebensinhalt für einen Mond in den drei Wasserzeichen.

Ihr eigenes emotionales Bedürfnis, ihr Verlangen und ihre Sehnsucht nach Nähe, Zärtlichkeit und Liebe und nach liebevoller Zuwendung und Aufmerksamkeit sind enorm groß. Besonders in einer für sie vertrauten Umgebung finden sie zu tiefer innerer Sicherheit und können da ihre Stärken entfalten.

In Stichworten die wichtigsten Merkmale der drei Mondtypen in den Wasserzeichen:

- **KREBS** wechselnde Gefühle; mütterlich, liebevoll, hilfsbereit, sanft, warmherzig, hingabefähig, sensibel, phantasievoll, verträumt, mitfühlend, beschützend und nachsichtig
- **SKORPION** intensive, tiefe und leidenschaftliche Gefühle; geheimnisvoll, verschwiegen, ernst, faszinierend, vorsichtig, dauerhaft, empfindlich, hintergründig und unergründlich
- **FISCHE** durchlässige Gefühle; sensibel, phantasievoll, romantisch, zärtlich, kreativ, intuitiv, verständnisvoll, geduldig, verträumt sowie empfindsam und unergründlich.

Mondkalender

Mondkalender 2002

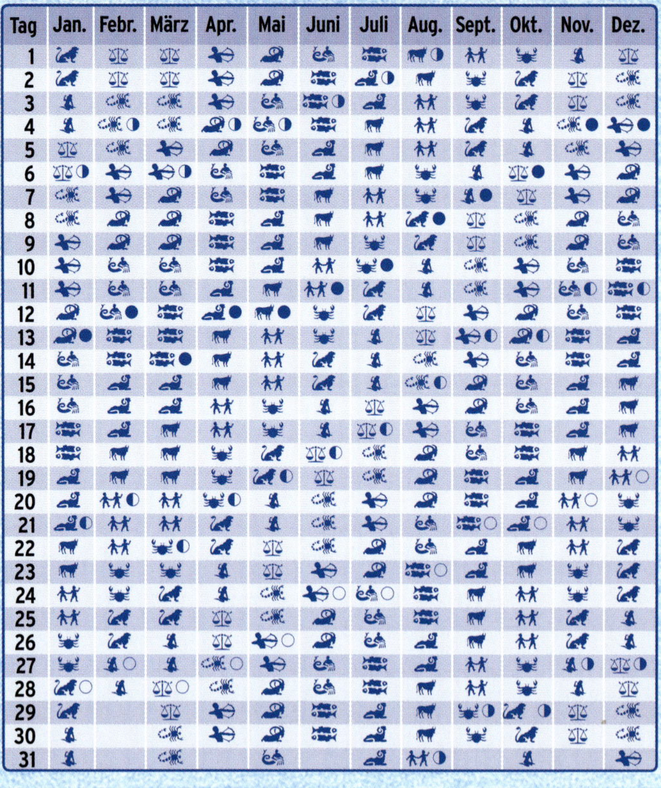

Mondkalender 2003

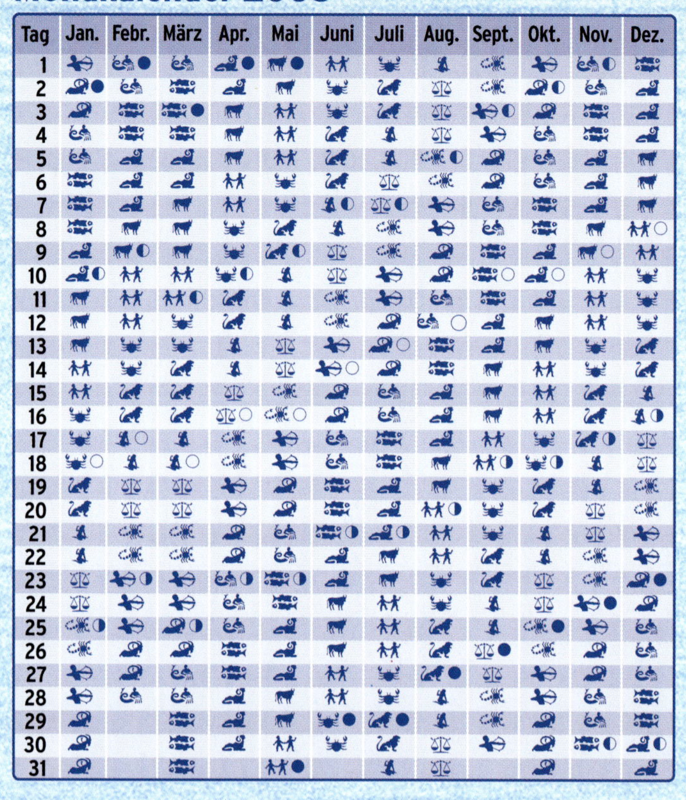

Mondkalender 2004

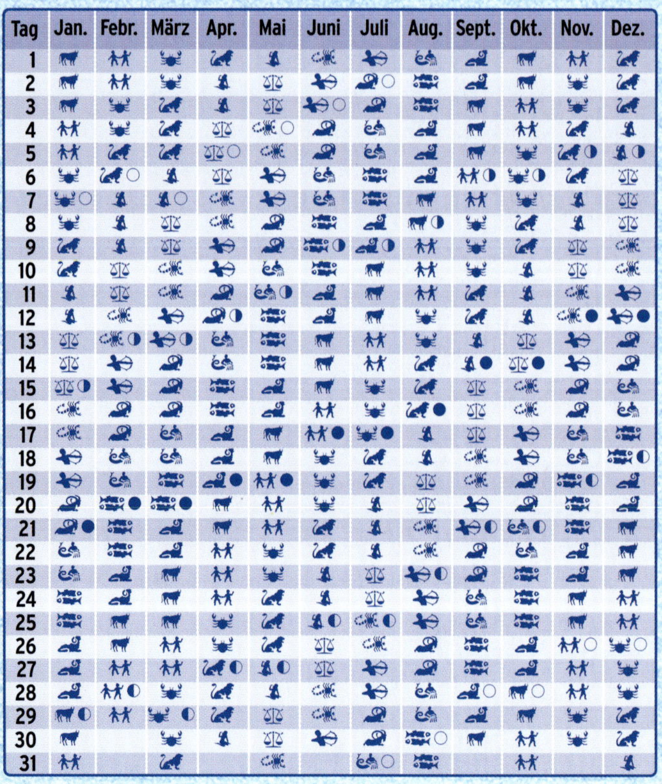

Mondkalender 2005

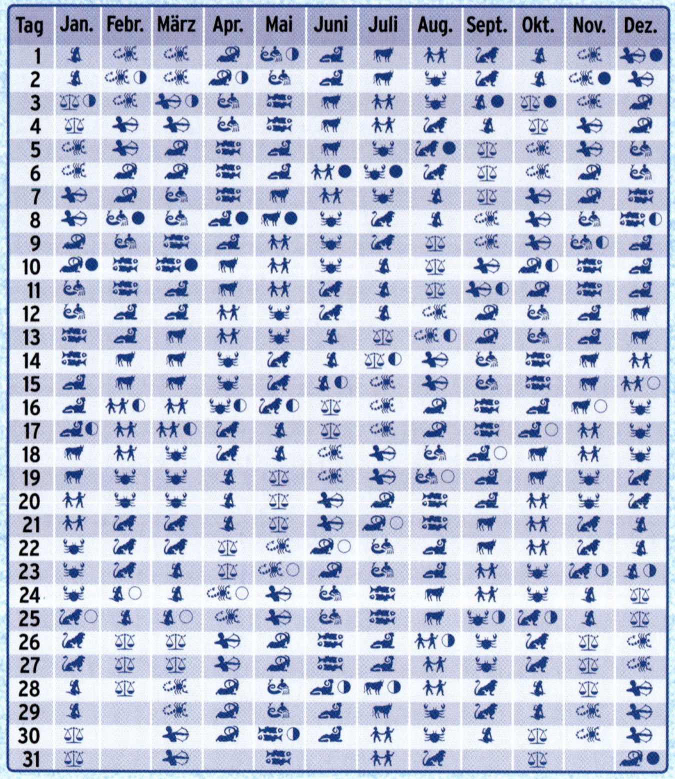

Auf seinem monatlichen Umlauf um die Erde verweilt der Mond im Schnitt zwei bis drei Tage in jedem der zwölf Tierkreiszeichen. Der Mondkalender gibt darüber Auskunft, an welchem Tag Luna in welches Zeichen eintritt. Diese Konstellation bestimmt, welche Qualität die Energie an diesem Tag hat und wie sie sich nutzen lässt.

Mondkalender 2006

Tag	Jan.	Febr.	März	Apr.	Mai	Juni	Juli	Aug.	Sept.	Okt.	Nov.	Dez.
1	♑	♓	♈	♉	♊	♌	♍	♎	♐◐	♑	♓	♈
2	♒	♈	♈	♊	♋	♌	♍	♏◐	♐	♒	♓	♉
3	♒	♈	♉	♊	♋	♍	♎◐	♏	♑	♒	♈	♉
4	♓	♉	♉	♋	♌	♍◐	♎	♐	♑	♓	♈	♊
5	♓	♉◐	♉	♋◐	♌◐	♎	♏	♐	♒	♓	♉○	♊○
6	♈◐	♊	♊◐	♋	♌	♎	♏	♑	♒	♈	♉	♋
7	♈	♊	♊	♌	♍	♎	♏	♑	♓○	♈○	♊	♋
8	♉	♊	♋	♌	♍	♏	♐	♒	♓	♉	♊	♋
9	♉	♋	♋	♍	♎	♏	♐	♒○	♈	♉	♋	♌
10	♊	♋	♌	♍	♎	♐	♑	♓	♈	♊	♋	♌
11	♊	♌	♌	♍	♎	♐○	♑○	♓	♉	♊	♌	♍
12	♋	♌	♌	♎	♏	♐	♒	♈	♉	♊	♌◑	♍◑
13	♋	♌○	♍	♎○	♏○	♑	♒	♈	♊	♋	♌	♎
14	♋○	♍	♍	♏	♐	♑	♓	♈	♊◑	♋◑	♍	♎
15	♌	♍	♍○	♏	♐	♒	♓	♉	♋	♌	♍	♎
16	♌	♎	♎	♏	♑	♒	♈	♉◑	♋	♌	♎	♏
17	♍	♎	♎	♐	♑	♓	♈◑	♊	♋	♍	♎	♏
18	♍	♎	♏	♐	♒	♓◑	♉	♊	♌	♍	♎	♐
19	♍	♏	♏	♑	♒	♈	♉	♋	♌	♍	♏	♐
20	♎	♏	♐	♑	♒◑	♈	♊	♋	♍	♎	♏●	♐●
21	♎	♐◑	♐	♒◑	♓	♉	♊	♌	♍	♎	♐	♑
22	♏◑	♐	♐◑	♒	♓	♉	♊	♌	♍●	♏●	♐	♑
23	♏	♑	♑	♓	♈	♊	♋	♌●	♎	♏	♑	♒
24	♏	♑	♑	♓	♈	♊	♋	♍	♎	♏	♑	♒
25	♐	♒	♒	♈	♉	♋●	♌●	♍	♏	♐	♑	♓
26	♐	♒	♒	♈	♉	♋	♌	♎	♏	♐	♒	♓
27	♑	♓	♓	♉●	♊●	♋	♌	♎	♏	♑	♒	♈◐
28	♑	♓●	♓	♉	♊	♌	♍	♎	♐	♑	♓◐	♈
29	♒●		♈●	♊	♋	♌	♍	♏	♐	♒◐	♓	♉
30	♒		♈	♊	♋	♍	♎	♏	♑◐	♒	♈	♉
31	♓		♉		♌		♎	♐		♒		♉

Mondkalender 2007

Tag	Jan.	Febr.	März	Apr.	Mai	Juni	Juli	Aug.	Sept.	Okt.	Nov.	Dez.
1	♊	♌	♌	♍	♎	♐○	♑	♓	♉	♊	♌◑	♍◑
2	♊	♌○	♌	♎○	♏○	♐	♒	♓	♉	♊	♌	♍
3	♋○	♌	♍	♎	♏	♑	♒	♈	♊	♋◑	♌	♎
4	♋	♍	♍○	♏	♐	♑	♒	♈	♊◑	♋	♍	♎
5	♌	♍	♎	♏	♐	♒	♓	♉◑	♊	♌	♍	♎
6	♌	♎	♎	♏	♑	♒	♓	♉	♋	♌	♎	♏
7	♍	♎	♎	♐	♑	♓	♈◑	♊	♋	♍	♎	♏
8	♍	♎	♏	♐	♑	♓◑	♈	♊	♌	♍	♎	♐
9	♍	♏	♏	♑	♒	♈	♉	♋	♌	♍	♏	♐●
10	♎	♏◑	♐	♑◑	♒◑	♈	♉	♋	♍	♎	♏●	♐
11	♎◑	♐	♐	♑	♓	♈	♊	♋	♍●	♎●	♐	♑
12	♏	♐	♐◑	♒	♓	♉	♊	♌	♍	♏	♐	♑
13	♏	♐	♑	♒	♈	♉	♋	♌●	♎	♏	♐	♒
14	♏	♑	♑	♓	♈	♊	♋●	♍	♎	♏	♑	♒
15	♐	♑	♒	♓	♉	♊●	♌	♍	♏	♐	♑	♒
16	♐	♒	♒	♈	♉●	♋	♌	♎	♏	♐	♒	♓
17	♑	♒●	♓	♈●	♊	♋	♍	♎	♏	♑	♒◐	♓◐
18	♑	♓	♓	♉	♊	♌	♍	♎	♐	♑	♓	♈
19	♒●	♓	♈●	♉	♋	♌	♍	♏	♐◐	♑◐	♓	♈
20	♒	♈	♈	♊	♋	♍	♎	♏	♑	♒	♓	♉
21	♓	♈	♉	♊	♌	♍	♎	♐◐	♑	♒	♈	♉
22	♓	♉	♉	♋	♌	♍◐	♏◐	♐	♒	♓	♈	♊
23	♈	♉	♊	♋	♌◐	♎	♏	♐	♒	♓	♉	♊
24	♈	♊◐	♊	♌◐	♍	♎	♏	♑	♒	♈	♉○	♋○
25	♈	♊	♋◐	♌	♍	♏	♐	♑	♓	♈	♊	♋
26	♉◐	♋	♋	♍	♎	♏	♐	♒	♓○	♉○	♊	♌
27	♉	♋	♋	♍	♎	♏	♑	♒	♈	♉	♋	♌
28	♊	♋	♌	♍	♎	♐	♑	♓○	♈	♊	♋	♍
29	♊		♌	♎	♏	♐	♑	♓	♉	♊	♌	♍
30	♋		♍	♎	♏	♑○	♒○	♈	♉	♋	♌	♍
31	♋		♍		♐		♒	♈		♋		♎◑

Mondkalender 2008

Tag	Jan.	Febr.	März	Apr.	Mai	Juni	Juli	Aug.	Sept.	Okt.	Nov.	Dez.
1	♎	♐	♐	♒	♓	♉	♊	♌●	♍	♏	♐	♑
2	♏	♐	♑	♒	♈	♉	♋	♌	♎	♏	♑	♒
3	♏	♑	♑	♓	♈	♊●	♋●	♍	♎	♏	♑	♒
4	♏	♑	♒	♓	♉	♊	♌	♍	♏	♐	♑	♒
5	♐	♑	♒	♈	♉●	♋	♌	♎	♏	♐	♒	♓◐
6	♐	♒	♓	♈●	♊	♋	♍	♎	♐	♑	♒◐	♓
7	♑	♒●	♓●	♉	♊	♌	♍	♎	♐◐	♑◐	♓	♈
8	♑●	♓	♓	♉	♋	♌	♍	♏◐	♐	♑	♓	♈
9	♑	♓	♈	♊	♋	♍	♎	♏	♑	♒	♓	♉
10	♒	♈	♈	♊	♋	♍◐	♎◐	♐	♑	♒	♈	♉
11	♒	♈	♉	♋	♌	♎	♏	♐	♒	♓	♈	♊
12	♓	♉	♉	♋◐	♌◐	♎	♏	♐	♒	♓	♉	♊○
13	♓	♉	♊	♌	♍	♎	♏	♑	♒	♈	♉○	♋
14	♈	♉◐	♊◐	♌	♍	♏	♐	♑	♓	♈○	♊	♋
15	♈◐	♊	♋	♌	♎	♏	♐	♒	♓○	♉	♊	♌
16	♉	♊	♋	♍	♎	♐	♑	♒○	♈	♉	♋	♌
17	♉	♋	♌	♍	♎	♐	♑	♓	♈	♊	♋	♍
18	♊	♋	♌	♎	♏	♐○	♑○	♓	♉	♊	♌	♍
19	♊	♌	♍	♎	♏	♑	♒	♓	♉	♊	♌◑	♍◑
20	♋	♌	♍	♏○	♐○	♑	♒	♈	♊	♋	♍	♎
21	♋	♍○	♍○	♏	♐	♒	♓	♈	♊	♋◑	♍	♎
22	♌○	♍	♎	♏	♐	♒	♓	♉	♋◑	♌	♎	♏
23	♌	♎	♎	♐	♑	♒	♈	♉	♋	♌	♎	♏
24	♌	♎	♏	♐	♑	♓	♈	♊◑	♌	♍	♎	♐
25	♍	♎	♏	♑	♒	♓	♈◑	♊	♌	♍	♏	♐
26	♍	♏	♏	♑	♒	♈◑	♉	♋	♌	♎	♏	♐
27	♎	♏	♐	♑	♒	♈	♉	♋	♍	♎	♐●	♑●
28	♎	♐	♐	♒◑	♓◑	♉	♊	♌	♍	♎	♐	♑
29	♏	♐◑	♑◑	♒	♓	♉	♊	♌	♎●	♏●	♐	♒
30	♏◑		♑	♓	♈	♊	♋	♍●	♎	♏	♑	♒
31	♏		♒		♈		♋	♍		♐		♒

Mondkalender 2009

Tag	Jan.	Febr.	März	Apr.	Mai	Juni	Juli	Aug.	Sept.	Okt.	Nov.	Dez.
1	♓	♈	♉	♊	♌◐	♍	♏	♐	♒	♓	♈	♉
2	♓	♉	♉	♋◐	♌	♎	♏	♑	♒	♓	♉○	♊○
3	♈	♉◐	♊	♋	♍	♎	♏	♑	♒	♈	♉	♊
4	♈◐	♊	♊◐	♌	♍	♏	♐	♑	♓○	♈○	♊	♋
5	♈	♊	♊	♌	♎	♏	♐	♒	♓	♈	♊	♋
6	♉	♋	♋	♍	♎	♐	♑	♒○	♈	♉	♋	♌
7	♉	♋	♋	♍	♎	♐○	♑○	♓	♈	♉	♋	♌
8	♊	♌	♌	♎	♏	♐	♑	♓	♈	♊	♌	♍
9	♊	♌○	♌	♎○	♏○	♑	♒	♓	♉	♊	♌◑	♍◑
10	♋	♍	♍	♏	♐	♑	♒	♈	♉	♋	♌	♍
11	♋○	♍	♍○	♏	♐	♒	♓	♈	♊	♋◑	♍	♎
12	♌	♎	♎	♏	♐	♒	♓	♉	♊◑	♌	♍	♎
13	♌	♎	♎	♐	♑	♒	♓	♉◑	♋	♌	♎	♏
14	♍	♎	♏	♐	♑	♓	♈	♉	♋	♍	♎	♏
15	♍	♏	♏	♑	♒	♓	♈◑	♊	♌	♍	♏	♐
16	♎	♏◑	♐	♑	♒	♈◑	♉	♊	♌	♍	♏●	♐●
17	♎	♐	♐	♑◑	♒◑	♈	♉	♋	♍	♎	♐	♑
18	♏◑	♐	♐◑	♒	♓	♈	♊	♋	♍●	♎●	♐	♑
19	♏	♐	♑	♒	♓	♉	♊	♌	♎	♏	♐	♒
20	♏	♑	♑	♓	♈	♉	♋	♌●	♎	♏	♑	♒
21	♐	♑	♒	♓	♈	♊	♋	♍	♏	♐	♑	♒
22	♐	♒	♒	♓	♉	♊●	♌●	♍	♏	♐	♒	♓
23	♑	♒	♒	♈	♉	♋	♌	♎	♏	♑	♒	♓
24	♑	♒	♓	♈	♊●	♋	♍	♎	♐	♑	♒◐	♈◐
25	♑	♓●	♓	♉●	♊	♌	♍	♏	♐	♑	♓	♈
26	♒●	♓	♈●	♉	♋	♌	♎	♏	♑◐	♒◐	♓	♈
27	♒	♈	♈	♊	♋	♍	♎	♐◐	♑	♒	♈	♉
28	♓	♈	♉	♊	♌	♍	♎	♐	♑	♓	♈	♉
29	♓		♉	♋	♌	♎◐	♏◐	♐	♒	♓	♉	♊
30	♓		♉	♋	♌	♎	♏	♑	♒	♓	♉	♊
31	♈		♊		♍◐		♐	♑		♈		♋○

Der Mond in der Mythologie

Mondgottheiten galten von jeher als Verwalter/-innen der Naturweisheit. Sie verleihen Fruchtbarkeit, hüten die jungfräuliche Reinheit und die Mysterien der Geburt; sie schützen und pflegen das junge Leben. Bis auf wenige Ausnahmen kannte man vor allem Mondgöttinnen. Die Frau, der weibliche Zyklus, Schwangerschaft und Geburt wurden von jeher mit dem Mond in Verbindung gebracht. Häufig wurden diese Göttinnen auch den verschiedenen Mondphasen zugeordnet. Im Folgenden eine Auflistung verschiedener Gottheiten aus unterschiedlichen Kulturen und Zeiten.

Arianrhod – die walisische Jungfrau- und Muttergöttin

Arianrhod, eine matriarchale Mondgöttin, ist gleichzeitig Jungfrau und Mutter. Sie ist berühmt für ihre Schönheit und scheint identisch zu sein mit der kretischen Mondgöttin Ariadne. Wie alle Mondgöttinnen hat sie eine spezielle Liebe, Sorge und Verantwortlichkeit für alles Leben, speziell für alles Wachstum. Sie wird auch »fruchtbare Mutter, die die Räder des Himmels bewegt«, oder »Silbernes Rad« genannt. Diese Namen erzählen davon, dass sie den Himmel erhält und für die Zyklen und Veränderungen des Lebens sorgt. Sie lebt in einem Schloss, Corona Borealis, wo sie über die Seelen wacht, die gereinigt werden und auf ihre Wiedergeburt warten.

Arianrhod, Zeitgeberin, Geberin und Erhalterin des Lebens, steht für alle Mondzyklen, sie führt uns durch die Zyklen des Lebens und begleitet uns vor allem auch während der Neumondphase, der dunkelsten Phase des Mondzyklus. Auf der seelischen Ebene begleitet sie uns durch die »dunkle Nacht der Seele«, die wir nicht selten während eines Veränderungsprozesses zu durchschreiten haben.

Bast, die ägyptische Mondgöttin, eine ägyptische Bronzefigur aus der Zeit von 750 – 400 v. Chr.

Bast – die ägyptische Katzengöttin

Bast oder Bastet ist die ägyptische Göttin, die in Katzengestalt erscheint. Die Ägypter verehrten Katzen. Das ägyptische Wort für Katze – mau – bedeutet auch Licht und ist verwandt mit dem Wort Mutter. Die Katze ist ein Tier, das dem Mond zugeordnet ist. Bast ist Mondgöttin und Erdgöttin, Spenderin des Lebens und der Fülle. In ihrer wilden, instinktiven Natur ist sie außerdem Beschützerin der Frauen während der Geburt. Wie eine Katze ist sie unabhängig und gehört niemandem als sich selbst.

Bast ist eine fröhliche Göttin: Sie liebt Feste mit Singen und Tanzen. Als lebensbejahende Mutter erscheint sie uns spielerisch und entspannt wie eine Katze, die uns ermuntert, Gelegenheiten zu suchen, das Leben zu feiern.

Etain – die Scheinende

Etain ist eine keltische Mondgöttin. Sie ist die zweite Frau von Midir, dem König der Unterwelt. Midirs erste Frau, Fuanmach, war eifersüchtig auf Etain und verwandelte sie in eine Fliege. Als Fliege fiel Etain in ein Glas Wein und ertrank.

Doch sie wurde wiedergeboren und heiratete Eochaid, den Gott der Fruchtbarkeit. Davon erfuhr Midir. Er forderte Eochaid in einem Schachspiel heraus. Das Ergebnis war, dass Eochaid ein halbes Jahr in der Unterwelt und ein halbes Jahr auf der Erde verbringen musste.

Etain steht wie die meisten Mondgöttinnen als Symbol für Fruchtbarkeit und Vitalität. Sie ist eine Göttin, die mit beidem vertraut ist, sowohl mit dem Leben als auch mit dem Tod. Sie lehrt uns, dass wir, egal wo wir sind – in der Unterwelt oder auf der Erde – strahlend und voller Zuversicht sein können.

Dieses keltisch-römische Relief zeigt Epona.

Epona – die keltische Göttin des Mondes

Sie wurde besonders als Beschützerin der Pferde und ihrer Fohlen verehrt. Wie das Symbol des Pferdes gilt sie selbst als Spenderin der Fruchtbarkeit und wird gerühmt für ihre Vitalität, aber auch für ihre Fürsorge allen Lebewesen gegenüber. Sie lebt in beiden Realitäten, im Leben und im Bereich des Todes. Sie ist ein Symbol für Inspiration und Intuition, aber auch für Unabhängigkeit und Reichtum.

Die keltischen Könige wurden rituell mit der Göttin verheiratet, erst dann konnten sie ihre Königswürde ausüben. Epona war übrigens die einzige keltische Göttin, die von den Römern übernommen wurde.

Isis – Mondgöttin und Mutter allen Lebens

Die ägyptische Mondgöttin Isis ist eine der ältesten Gottheiten. Sie gebärt die Sonne, erschafft und erhält Leben und ist Retterin der Menschen. Als Lehrerin für den Ackerbau, als Heilerin und als Göttin für Medizin und Weisheit wird sie verehrt. Osiris war ihr Bruder und Ehemann, der von seinem Bruder Seth ermordet wurde. Isis suchte und fand ihn, setzte die zerstückelten Teile des Osiris wieder zusammen und empfing ihren Sohn Horus.

Isis ist eine universale Göttin, sie repräsentiert Weiblichkeit, die liebende Frau. Obwohl sie den Tod überwinden kann, empfindet sie wie alle Sterblichen Kummer und Trauer. Eine ihrer Tränen, die sie beim Tod des Osiris geweint hatte, brachte den Nil zum Überlaufen und sorgte damit für Fruchtbarkeit, die sich alljährlich in Ägypten durch die Überflutung des Nils entfalten konnte.

Ix Chel – die Mondgöttin der Mayas

Sie regierte auf der Halbinsel Yucatán im Süden Mexikos für mehr als tausend Jahre. Sie wird als Königin, als »Große Mutter« oder als »Weiße Dame« bezeichnet. Sie ist die Göttin des Werdens und Entstehens von Leben und wird vor allem mit dem zunehmenden Mond und dem Vollmond in Verbindung gebracht, obwohl ihr auch der abnehmende Mond und der Neumond vertraut sind.

Ix Chel ist zwar mit der Sonne verheiratet, trotzdem aber unabhängig und erlaubt niemandem, sie zu besitzen. Sie ist frei und kommt und geht, wie es ihr beliebt. Als Fruchtbarkeitsgöttin sorgt sie für die Fruchtbarkeit der Frauen und schickt fruchtbaren Regen auf die Erde. Teilweise wird sie auch als Schützerin der Geburt und als Heilerin und Medizingöttin verehrt. Ix Chel ist die »Hebamme« unserer eigenen kreativen Ideen.

Isis mit dem Horuskind, eine ägyptische Bronzefigur aus der Zeit von 750 – 400 v. Chr.

Kaltes – Mondgöttin des kalten Nordens

Kaltes wird in Sibirien als Mondgöttin verehrt. Sie kann ihre Form verändern und erscheint auch als Hase, einem ihr geweihten Tier. Diese Erscheinungsform zeigt ihre lunare Natur, denn der Hase, ein besonders fruchtbares Tier, wird dem Mond zugeordnet. In einigen alten Kulturen glaubte man, im Mond die Umrisse eines Hasen zu sehen. Dadurch wurde der Hase Vermittler zwischen Mondgottheiten und Menschen. Kaltes wurde als Fruchtbarkeitsgöttin verehrt und als Göttin der Erneuerung. Sie wird von Frauen während der Geburt angerufen und ist die Beschützerin der Neugeborenen. Sie wird geliebt wegen ihrer Weisheit. Gleichzeitig wird sie aber auch gefürchtet, weil sie in das Schicksal der Menschen eingreifen kann.

Lilith – die Göttin des Schwarzen Mondes

Lilith, eine Göttin des Mittleren Ostens, ist die Göttin der Fülle, der Fruchtbarkeit und des schöpferischen Tuns.

Sie gilt als die erste Frau Adams, die sich aber weigerte, Adam in irgendeiner Weise untertan zu sein. Sie wird oft mit einer Eule dargestellt, einer Figur der Dunkelheit und der tiefen Weisheit. Sie ist auch die Göttin des Todes und der Transformation und wird deshalb manchmal als dämonische Figur wiedergegeben. Mit ihrer Unabhängigkeit, ihrer dunklen Weisheit und ihrer sexuellen Anziehungskraft wirkt sie oft beängstigend. Sie erscheint in den Träumen als dunkle Gestalt oder auch in Gestalt eines Lotus. Der Lotus, eine ganz besondere Pflanze, wurzelt im Dunklen. Der Stängel führt durch das Wasser nach oben, und auf der Oberfläche erscheint eine wundervolle reine Blüte. Die Lotusblüte steht für spirituelle Entwicklung und für das Erblühen der Weisheit im Herzen. Wie der Lotus ermutigt uns Lilith, uns die dunkle Seite anzuschauen und sie in unsere Ganzheit zu integrieren, so dass unsere Schönheit voll erblühen kann.

Luna – die Mondgöttin der Römer

Bei den Römern wird die griechische Mondgöttin Selene zur Göttin Luna. Sie ist die Schwester des Sonnengottes Apoll. Sie ist Geburtsgöttin der Frauen sowie Vegetations- und Fruchtbarkeitsgöttin. Ähnlich wie die Mondgöttinnen anderer Kulturen kann sie aber auch ihre Schattenseite zeigen und Zorn und Verderben schicken.

Das Gemälde von John George von 1850 zeigt Luna und ihre Nymphen.

Die Gottesmutter Maria mit Kind steht auf der Sichel des neuen Mondes.

Maria – Meerstern des Christentums

Die christliche Religion verbot die Mondgläubigkeit. Aus dem siebten Jahrhundert gibt es Verbote seitens der katholischen Kirche, sein Tun nach dem Mond zu richten. Aus dem zwölften Jahrhundert sind konkrete Verbote bekannt, wie den Mond beim Hausbau oder bei der Eheschließung zu berücksichtigen. Im Mittelalter kam es zu einer extremen Verdammung der so genannten Mondanbetung, die man mit Hexen in Verbindung brachte. So verbot man beispielsweise das Niederknien, das oft üblich war, wenn die Menschen die Mondsichel des zunehmenden Mondes entdeckten. Der Montag wurde zum Unglückstag, da man glaubte, dass an diesem Tag unkontrollierbare, speziell weibliche Kräfte wirken.

Dennoch steht Maria in enger Verbindung zum Mond. Das Wort Maria bedeutet im Lateinischen »Meer«; schon damit ist der Bezug zum Mond gegeben. Viele alte Marienlieder besingen sie als »Stern des Meeres«. Gotische und barocke Darstellungen der Madonna zeigen sie häufig auf einer Mondsichel stehend.

So wie der Mond die archetypische Mutter ist, ist Maria die Mutter Gottes. Maria wird als Lebensspenderin und als Quelle der Erneuerung betrachtet. Sie ist die Mutter der Gnade und Barmherzigkeit, die wir in Zeiten der Not anrufen können.

In der Kunst kennt man die so genannte »Mondsichelmadonna«. Ihr Kennzeichen ist ein Halbmond – nach unten oder oben geöffnet – meist unter ihren Füßen. Diese Künstler bezogen sich wohl auf einen Text aus der Johannes-Offenbarung (12,1,2), in dem die Madonna mit der Mondsichel unter ihren Füßen beschrieben wird.

In diesem Zusammenhang interessant ist die Schwarze Madonna. Sie ist eine stolze aufrechte Frau, die häufig Selbstwertgefühl und Macht ausstrahlt. Im Volksglauben steht sie für den Fruchtbarkeits- und Heilungsaspekt. Man vermutet, dass die Legitimation für eine Umwandlung der dunklen Göttin in eine Madonna aus dem Hohelied Salomons abgeleitet wird, in dem es heißt: »Schwarz bin ich und anziehend, ihr Töchter Jerusalems ...« Ihre Wallfahrtsstätten entstanden in der Regel an Orten, an denen schon in früheren Zeiten heidnische Heiligtümer standen und an denen auch immer Quellen entspringen.

Medusa – die dreiköpfige Mondgöttin

Aus dem 16. Jahrhundert aus Bellona stammt diese Darstellung der Medusa.

Als Medusa getötet wurde, sprang das Pferd Pegasus aus ihrem Blut hervor. Die Griechen beschrieben Medusa als eine schreckliche Gestalt, eine hässliche Frau mit Schlangen als Haare. Jeder, der ihr ins Gesicht blickte, wurde in Stein verwandelt. Ihr Name hat denselben Wortstamm wie »Medizin« oder »Maß«, verwandt mit den griechischen Begriffen »beschützen, regieren«. Medusa ist eine Mondgöttin, die dreiköpfige Große Göttin mit ihrem todbringenden Aspekt. Sie ist verbunden mit Blut. Ihr zu begegnen heißt, dem Mysterium des »Mondblutes« oder Menstruationsblutes zu begegnen.

Medusa ist Schlangenenergie: belebend, erschreckend, unpersönlich. Sie ist ein Symbol für Wachstum und Erneuerung, aber auch für den Tod, nach dem neues Leben kommt. Sie wurde ein Symbol für die Angst, sich mit dem Heiligen und damit auch mit der erschreckenden Wirklichkeit zu konfrontieren.

Selene – Königin des Sternenhimmels

Selene ist die griechische Göttin des Mondes. Sie fährt in einer weißen Kutsche, die von geflügelten Pferden und Bullen gezogen wird, den Mond über sich am Himmel. Sie ist eins mit dem Mond, dem zunehmenden und lichten Mond und dem abnehmenden, dunklen Mond. Selene verliebte sich in einen Sterblichen, Edymion. Er fiel in einen tiefen Schlaf, von dem er nie mehr erwachte. So konnte Selene ihn jede Nacht besuchen. In der späteren griechischen Mythologie repräsentiert Selene den Vollmond, Artemis hingegen den abnehmenden und Hekate den Neumond. Selene wird oft mit einem aufsteigenden Mond als Diadem dargestellt. Sie steht für Fülle des Lebens, für Licht und Dunkelheit.

Links: Diana (griechisch: Artemis) ist Mondgöttin und Göttin der Jagd. Rechts: Die Dreigestalt der Mondgöttin Hekate aus dem dritten Jahrhundert.

Selene und Edymion – eine römische Mosaikdarstellung aus dem späten dritten Jahrhundert.

Sin – der Mondgott der Babylonier

Er, den die Babylonier auch Vater nannten, ist der höchste Herrscher des Himmels und der Erde, sein Symbol ist die Mondsichel, das »glänzende Boot des Himmels«. Er ist der gütige, milde, weise, hilfsbereite, väterliche Arzt, der alle Geheimnisse des Kosmos kennt. Außerdem ist Sin, der zwar männlich ist, aber starke weibliche Wesenszüge aufweist, der Gott der Vegetation. Sin, der Stadtgott von Ur, wurde auch als Fruchtbarkeitsgott verehrt. Er hatte eine Frau und drei Töchter und residierte im Tempel Ikinugal, was übersetzt »Haus, in dem Mondlicht ist« bedeutet. Er wird als dreieiniger Gott dargestellt; zusammen mit Schamach, dem Sonnengott, und Ischtar gilt er als Herrscher des Tierkreises. Besondere Aufmerksamkeit widmeten die Babylonier dem Erscheinen des Neumonds, der ca. alle 30 Tage wiederkehrte. So wurde dem Mondgott Sin die Zahl 30 zugeordnet.

Die Mondphasen

Mondphasen sind Schattenerscheinungen. Der Mond leuchtet im reflektierten Sonnenlicht. Je nach seiner Stellung zu Sonne und Erde erscheint die von der Sonne beleuchtete Oberfläche in periodisch wechselnden Formen, den so genannten Mondphasen: Neumond, zunehmender Mond, Vollmond und abnehmender Mond.

Wie die Mondphasen entstehen

Der Mond, unser Trabant, umkreist die Erde in knapp einem Monat. Ein vollständiger Umlauf des Mondes um die Erde dauert 29 Tage, 12 Stunden und 44 Minuten (synodischer Mondmonat). Dabei wendet er uns stets die gleiche Seite zu.

Je nach seiner Stellung zu Sonne und Erde erscheint die von der Sonne beleuchtete Oberfläche des Mondes in wechselnden Formen, verschiedenen Phasen, Lichtgestalten oder Lunationen. Dieser Mondzyklus kann in verschiedene Phasen unterteilt werden, nämlich in zwei Abschnitte, in eine zunehmende und abnehmende Hälfte. Werden diese beiden Hälften des zunehmenden und abnehmenden Mondes weiter unterteilt, erhalten wir die für uns bekannten vier Mondphasen:

- Neumond
- Zunehmender Mond
- Vollmond
- Abnehmender Mond

Lichtgestalten am Himmel

Der Mond strahlt kein eigenes Licht aus, er leuchtet im reflektierten Sonnenlicht.

Je nach seiner Stellung zu Sonne und Erde erscheint die von der Sonne beleuchtete Oberfläche in periodisch wechselnden Formen, den Mondphasen:

Bei Neumond stehen Sonne und Mond in Konjunktion zueinander, die der Erde zugewandte Seite des Mondes ist unbeleuchtet. Sonne und Mond gehen etwa gleichzeitig auf und unter.

Zunehmender Halbmond Hat der Mond etwa ein Viertel seines Umlaufs hinter sich gebracht, steht er im Quadrat, d.h. 90 Grad vor der Sonne. Die rechte Seite des Mondes ist beleuchtet, und er erscheint als zunehmender Halbmond oder Erstes Viertel. Der Mond ist je nach Jahreszeit am Nachmittag bis Mitternacht über dem Horizont zu sehen.

Vollmond Während der Opposition von Sonne und Mond ist die ganze sichtbare Halbkugel des Mondes beleuchtet. Der Vollmond kann die ganze Nacht am Himmel betrachtet werden.

Abnehmender Halbmond Nach dem Vollmond nimmt der Mond wieder ab. Als abnehmenden Halbmond oder letztes Viertel erscheint der Mond, wenn er wieder im Quadrat, d.h. 90 Grad hinter der Sonne steht. Seine linke Hälfte ist nun beleuchtet. Er steht dann um Mitternacht und am Vormittag am Himmel. Jede dieser Mondphasen stellt eine bestimmte Energie und Qualität dar, die während dieser Zeit besonders ausgeprägt ist und deshalb nutzbar gemacht werden kann und sollte.

Wenn wir diese vier Grundphasen des Mondzyklus ein weiteres Mal unterteilen, erhalten wir (nach Dane Rudhyar, siehe Literaturnachweis Seite 46) acht Mondphasen, die eine noch subtilere Bedeutungsebene der Zyklen offenbaren:

- Neumond
- Sichelmond
- Erstviertelmond
- Buckelmond
- Vollmond
- Aussaatmond
- Letztviertelmond
- Balsamischer Mond

Ein Gemälde von Walter Crane (1845 – 1915): Die Vier Jahreszeiten vergleichbar mit den vier Mondphasen.

Symbolische Entsprechung der vier Mondphasen

- **Die vier Mondphasen**
  Neumond – Zunehmender Mond – Vollmond – Abnehmender Mond
- **Die vier Himmelsrichtungen**
  Osten – Süden – Westen – Norden
- **Die vier Jahreszeiten**
  Frühling – Sommer – Herbst – Winter
- **Die vier Elemente**
  Luft – Feuer – Erde – Wasser

Die Mondphasen und Ihre Bedeutung

Eine jede Zeit ist anders als (die) Übrigen. So verhält es sich auch mit dem Mond. Denn anders ist der Neumond, anders das erste Viertel, anders der Vollmond, anders das letzte Viertel, und nach dem verändern und verwandeln sich alle Kräfte, des habt ihr täglich Beispiele …

Paracelsus (1495 – 1541) in »Mikrokosmos und Makrokosmos«

Der Mond und seine Lichtgestalten im Laufe eines Monats, angestrahlt von der Sonne und aufgeteilt in acht Phasen.

Die Einflüsse, Bedeutung und Auswirkung der Mondphasen wirken sehr unterschiedlich auf die verschiedenen Bereiche unseres irdischen Lebens. Sie haben Einfluss auf

- unsere Psyche,
- unseren Körper,
- unsere Aktivitäten.

Zunächst unterscheidet man allgemein zwischen dem

- zunehmenden Mond, das ist die Phase nach dem Neumond bis zum Vollmond, und dem
- abnehmenden Mond, das ist die Zeit nach dem Vollmond bis zum Neumond.

Die Auswirkungen des zunehmenden Mondes in den beiden Wochen nach dem Vollmond sind in ihrer Wirkung entgegengesetzt gegenüber dem abnehmenden Mond in den letzten beiden Wochen.

In der **zunehmenden Phase**, wenn das Mondlicht zunimmt, sollten Energien aufgenommen, konkretisiert und strukturiert werden oder Substanz bekommen. Der zunehmende Mond steht im Allgemeinen für Ideen, Kreativität, Aktivität und Mut.

Während der **abnehmenden Phase** sollten die Dinge, die in der ersten Hälfte ins Leben gerufen und aufgebaut wurden, an Bedeutung gewinnen. Der abnehmende Mond steht im Allgemeinen für Rückzug und Besinnung sowie für das Umsetzen der kreativen Impulse in bedeutungsvolle, sinnvolle Handlungen.

Die Bedeutung der Mondphasen

Für den Alltagsgebrauch beschränken wir uns allgemein auf die vier wichtigsten Mondphasen. Im Folgenden wird beschrieben, welche Bedeutung die einzelnen Phasen auf uns und unsere alltäglichen Belange haben. Die Kraft des Mondes wurde erkannt, als man eine Parallelität zwischen den Mondphasen und dem Geschehen auf der Erde beobachten konnte.

Neumond ●

Neumond ist die Phase des Mondes, in der er zwischen Erde und Sonne steht und uns seine dunkle Nachtseite zuwendet. Die Sonne beleuchtet die von der Erde abgekehrte Seite und ist deshalb von der Erde aus nicht sichtbar. Die Astrologen sprechen bei Neumond von einer Konjunktion von Sonne und Mond. Beide Himmelskörper stehen dann in demselben Tierkreiszeichen, z.B. Sonne und Mond im Zeichen Krebs.

Neumond bedeutet Neubeginn

Der Neumond gilt allgemein als Symbol für einen Neuanfang, für den Beginn eines neuen Zyklus. Diese Energie und Kraft sollte genutzt werden, um sich von Dingen zu verabschieden, die man hinter sich lassen möchte. Das können z.B. Verhaltensweisen, Gedanken, Ideen, Projekte oder auch Beziehungen zu anderen Menschen sein. Dabei gilt es, eine gewisse Trägheit zu überwinden, um dann flexibel und kreativ für neue Möglichkeiten offen zu sein.

Grundsätzlich ist es die Zeit des Aufbruchs, der Expansion sowie der Chance, Erfahrungen zu sammeln. Nun wird der Grundstein gelegt für ein neues Projekt, für eine neue Vision, für eine neue Beziehung etc.

Von Pflanzen und Bäumen, die nicht richtig wachsen oder krank sind, sollten Sie bei Neumond die Spitzen entfernen, und zwar knapp über einem Seitenast. Die Chance, dass sie dann wieder neu austreiben, ist bei Neumond am größten.

Günstig

- ▶Neubeginn eines Vorhabens
- ▶Neue Grundsätze, z. B. für den Anfang einer Entwöhnungskur (z. B. Alkohol und Rauchen)
- ▶Diät- und Entschlackungstage

Ungünstig

- ▶Chirurgische Eingriffe
- ▶Alles, was mit übermäßigem Energieverbrauch verbunden ist
- ▶Große Feste mit schwerem Essen und Alkohol

Zunehmender Mond oder erstes Viertel ◐

Zwei bis drei Tage später wird der Mond wieder sichtbar. Es erscheint zunächst die schmale Sichel abends nach Sonnenuntergang über dem westlichen Horizont. Die Sichel wächst nun weiter an, sie nimmt zu. Da sich der Mond aus unserer Sicht schneller als die Sonne bewegt und sich immer weiter von ihr entfernt, geht er immer später am Abend unter.

Etwa eine Woche nach Neumond ist das erste Viertel oder auch zunehmender Halbmond genannt. Die rechte

Günstig

- ▶Konzentrierende und aufbauende Maßnahmen (Körperübungen, Fitness, Sport, Spaziergänge in der Natur)
- ▶Für die Einnahme tonisierender, anregender und aufbauender Medikamente (aus der Spagyrik bieten sich an: Cordiak, Sanguisol, Azinat)
- ▶Anregung der Selbstheilungskräfte, z. B. durch Kreative Visualisierung
- ▶Tätigkeiten, die das Selbstbewusstsein stärken

Ungünstig

- ▶Medizinische Eingriffe (Operationen, Zahnbehandlungen vor allem), wenn er sich dem Vollmond nähert
- ▶Ausleitende Maßnahmen wie Entgiftungs- oder Diätkuren
- ▶Vorsicht: erhöhtes Allergierisiko
- ▶Umtopfen von Pflanzen

Seite des Mondes ist beleuchtet. Hat der Mond etwa ein Viertel seines Umlaufs hinter sich gebracht, steht er astrologisch im Quadrat zur Sonne, z.B. Sonne im Zeichen Waage und Mond im Zeichen Steinbock. Wir sehen ihn als Halbmond am Himmel. Nach dem ersten Viertel wird der Mond immer länger sichtbar.

Zunehmender Mond bedeutet zunehmende Energie
Die bei Neumond begonnenen Vorhaben erfahren jetzt eine Zufuhr von Kräften. Es kommt zu einer allmählichen allgemeinen Vitalisierung. In dieser Zeit sollte man möglichst viel Energie aufnehmen und diese Kräfte gezielt sammeln und richtig einsetzen.

In der Natur kommt es zu einer Zunahme der oberirdischen Kräfte, die Säfte steigen nach oben, das Wachstum über der Erde wird angeregt.

Vollmond

Etwa zwei Wochen nach Neumond steht der Mond der Sonne gegenüber, und wir können seine volle runde Scheibe bewundern. Er geht etwa bei Sonnenuntergang auf und bei Sonnenaufgang unter. Er kann die ganze Nacht über beobachtet werden. Astrologisch sprechen wir von einer Opposition von Sonne und Mond.

Vollmond bedeutet volle Kraft
In dieser Zeit kommt es zu einem Höhepunkt der Energieaufladung, die sich vor allem nachts häufig als innere Unruhe oder Schlaflosigkeit äußert. Heilkräuter entfalten jetzt ihre optimale Wirkung. Das trifft besonders für Heilmittel aus der Spagyrik oder aus der Homöopathie zu, die das Mondprinzip verkörpern: z.B. Cerebretik.

Günstig

- Feiern, sich ausdrücken, leben, Kreativität entfalten
- Zeugung und Geburt
- Starke Gefühle und emotionaler Austausch
- Sammeln von Heilkräutern

Ungünstig

- Tätigkeiten, bei denen große Konzentration gefragt ist
- Routinearbeiten
- Operationen, da in dieser Zeit Wunden stärker bluten
- Das Allergierisiko ist bei Vollmond besonders hoch

Während der Vollmondphase kommt es zu einer Zunahme von Unfällen und Gewalt. Die Zahl der Todesfälle ist höher als während der anderen Mondphasen.

Abnehmender Mond oder letztes Viertel

Nach dem Vollmond nimmt der Mond wieder ab. Etwa 22 Tage nach dem Neumond steht der Mond wieder im Quadrat zur Sonne. Wir erkennen jetzt die linke Hälfte des Mondes, die immer weniger von der Sonne beleuchtet wird und sehen ihn um Mitternacht am Himmel aufgehen und am Mittag untergehen. Nach ca. vier Wochen hat der Mond seinen Umlauf beendet; es ist wieder Neumond.

Die reinigende Kraft des abnehmenden Mondes
Wie der Mond nehmen auch die Kräfte in der Natur und beim Menschen langsam wieder ab; die Erde scheidet aus, und entgiftende und ausleitende Maßnahmen entfalten jetzt ihre größte Wirkkraft. Sie bringen den Organismus in Bestform.

In der Natur kommt es vor allem zu einer Zunahme der Kräfte unter der Erde. Die Säfte ziehen mehr zu den Wurzeln. Das Wachstum unter der Erde wird angeregt. Diese Zeit eignet sich am besten, um Obstbäume und -sträucher zu beschneiden (am besten an einem Löwe-, Schütze- oder Widdertag). Auch für das Jäten von Unkraut ist der abnehmende Mond günstig (am besten an einem Steinbocktag).

Günstig

- Meditation und Entspannung
- Yogaübungen
- Fasten, Entgiftung und Entschlackung, ausleitende Mittel wie Lymphatik oder Renalin aus der Spagyrik, Solidago aus der Homöopathie. Trinken Sie während dieser Zeit regelmäßig ausleitende Tees wie Brennnessel- oder Grünen Hafertee.
- Operationen
- Zahnsteinentfernung, Zahnziehen
- Massagen zur Entschlackung
- Ungezieferbekämpfung und das Jäten von Unkraut
- Entrümpeln und Stöbern

Ungünstig

- Tätigkeiten, die mit großem Energieaufwand verbunden sind

Die Mondphasen bei der Geburt

Je nachdem, in welchem Tierkreiszeichen der Mond bei der Geburt stand, erfahren wir mehr über den Charakter und die Persönlichkeit des Einzelnen. Doch darüber hinaus spielen auch die Mondphasen keine uninteressante Rolle. Ob Sie ein Vollmondtyp sind oder beispielsweise ein Neumondtyp, das macht einen erheblichen Unterschied.

Mondphase und Typ

Das Tierkreiszeichen, in dem sich der Mond im Augenblick der Geburt befindet, beschreibt sehr präzise, welche Dinge uns das Gefühl von Sicherheit und Geborgenheit vermitteln (siehe Seite 8 ff.). Steht z.B. der Mond im Zeichen Stier, könnte das Eigenschaften wie Geduld, Sinnlichkeit, Zufriedenheit, Herzlichkeit, aber auch ein Bedürfnis nach körperlicher Nähe, nach Ruhe, Beständigkeit, Stabilität und Zuverlässigkeit widerspiegeln.

Jeder Mensch wird außerdem zu einer bestimmten Mondphase geboren. Diese wird dadurch bestimmt, in welcher Konstellation Sonne und Mond zur Zeit der Geburt zueinander stehen. Viele Astrologen sind der Meinung, dass die Phase des Mondes, in die ein Individuum hineingeboren wurde, einen wichtigen Hinweis auf den Kern der Persönlichkeit gibt. So erhalten wir wertvolle Informationen über die sehr individuelle und unterschiedliche Art und Weise eines jeden Menschen,

- wie er auf das Leben zugeht,
- wie und auf welche Art er seine Energie einsetzt,
- wie er seine Persönlichkeit zum Ausdruck bringt,
- wie er sich der Lösung von Problemen stellt.

Durch die unterschiedliche Beziehung von Sonne und Mond können wir erkennen, ob ein Individuum bei Neumond oder Vollmond, bei zunehmendem Mond oder abnehmendem Mond geboren wurde.
Ganz egal, in welchen Zeichen der Mond stand,

- diejenigen, die in der zunehmenden Phase geboren wurden, neigen im Allgemeinen dazu, subjektiv und extrovertiert zu reagieren,
- diejenigen, die in der abnehmenden Phase geboren wurden, neigen mehr dazu, sich introvertiert und nachdenklich zu verhalten.

Zwischen diesen beiden wichtigen Phasen des zunehmenden und abnehmenden Mondes liegen viele verschiedene Mondphasentypen, die man entsprechend dem Abstand zwischen Sonne und Mond astrologisch unterscheidet. Eine allgemeine Einteilung und Beschreibung kann entsprechend den vier Mondphasen vorgenommen werden:

- der Neumondtyp,
- Menschen, die bei zunehmendem Mond geboren wurden,
- der Vollmondtyp,
- Menschen, die bei abnehmendem Mond geboren wurden.

Die vier Mondphasentypen

Neumond ●

SONNE-MOND-KONJUNKTION Wird jemand bei Neumond geboren, bilden Sonne und Mond eine Konjunktion. Sie stehen also im gleichen Zeichen (z. B. Sonne 3 Grad Stier, Mond zwischen 0 Grad und 10 Grad Stier).

Menschen, die bei Neumond geboren wurden, besitzen eine enorme Energie, mit der sie gegen Widerstände in ihrem Leben kämpfen. Sie lieben den Wechsel, das Neue, Unbekannte, und sie lösen sich leichter als andere von ihrem vertrauten Umfeld, von eingefahrenen Gewohnheiten und Gedanken.

Kennzeichnend für Neumondtypen sind ihre Aktivität, ihre Initiative, ihre Risikofreude, ihre Begeisterungsfähigkeit und unbekümmerte Zuversicht sowie ihre Konfliktbereitschaft. Physische oder geistige Herausforderungen geben ihrem Leben Antrieb. Daher müssen sie sich einen Wirkungskreis schaffen, in dem sie ungehindert ihre Vorstellungen ausleben, ihre Persönlichkeit durchsetzen und ihr Wesen entfalten können. Durch die stark entwickelte Ichbezogenheit fällt es ihnen mitunter schwer, ein Gespür für die Gefühle anderer zu entwickeln; sie reagieren dann hochgradig ungeduldig, subjektiv und gereizt.

Zunehmender Mond

Neumond bis zunehmender Halbmond Sonne-Mond-Quadrat Hat der Mond sich so weit von der Sonne entfernt, dass er in einem Winkel von 90 Grad zur Sonne steht, haben wir zunehmenden Halbmond (z. B. Sonne auf 0 Grad in Krebs, Mond zwischen 0 Grad und 10 Grad in Waage oder z. B. Sonne auf 10 Grad in Schütze, Mond zwischen 10 und 20 Grad in Fische).

Zunehmender Halbmond bis Vollmond Menschen, die mit dem Mond zwischen 90 und 180 Grad der Sonne voraus geboren wurden. Z. B. steht die Sonne auf 25 Grad in Schütze und der Mond auf 20 Grad in Stier.

Unermüdlicher Energieeinsatz ist eine der auffälligsten Eigenschaften, die diesen Persönlichkeitstyp auszeichnet, der zu Beginn des zunehmenden Halbmonds geboren wurde.

Von sich selbst überzeugt und durch eine innere Unruhe getrieben, beeindrucken auch sie durch ihre geradezu naive Begeisterung und Offenheit gegenüber allem, was von außen auf sie eindringt. Es geht ihnen vor allem darum, Erfahrungen zu sammeln, neue Talente und Fähigkeiten zu entwickeln.

Im weiteren Verlauf nimmt der Mond an Helligkeit zu und im Vergleich zu denjenigen, die zu Beginn der zunehmenden Phase geboren wurden, erlebt dieser Mondphasentyp oft eine Auseinandersetzung zwischen dem Bedürfnis nach Veränderung einerseits und dem Bedürfnis nach Beständigkeit andererseits. Sie müssen Mut und Zuversicht entwickeln, um den Anforderungen, die an sie gestellt werden, gerecht zu werden: Entscheidungen treffen, bestimmte Aufgaben übernehmen und damit auch Verpflichtung und Verantwortung tragen.

Diejenigen, die kurz vor Vollmond geboren wurden, haben die expansive Phase hinter sich gelassen und sind damit beschäftigt, ihre bis dahin entwickelten Fähigkeiten, ihre Ziele, ihre Entscheidungen zu analysieren, zu bewerten und gegebenenfalls zu ändern.

Vollmond

Sonne-Mond-Opposition Hat der Mond die Opposition zur Sonne erreicht, ist Vollmond (z. B. Sonne auf 0 Grad in Skorpion, Mond zwischen 0 bis 10 Grad in Stier).

Menschen, die bei Vollmond geboren wurden, sind in der Regel intuitiv, sensibel, offen und phantasievoll. Sie sind diejenigen, die in ihrer Umgebung völlig aufgehen, die Hingabe, Verständnis und Rücksichtnahme im Umgang mit anderen entwickeln können. Dieser Persönlichkeitstyp erlebt oft Phasen der inneren Unruhe und der Nervosität, aber auch Zeiten, in denen Zuversicht und Schaffenskraft vorherrschen. Die innere Zerrissenheit dieser Menschen entspricht astrologisch der Opposition von Sonne und Mond: der gegensätzlichen Energie zwischen dem Streben nach Selbstverwirklichung und aktivem Tun einerseits (Sonne) und dem Bedürfnis nach Geborgenheit, der Entfaltung von Gefühl und Phantasie andererseits (Mond).

Gelingt es diesen Menschen, die beiden Kräfte im Gleichgewicht zu halten, die Balance zwischen Aktivität und Passivität, Vernunft und Gefühl herzustellen, können sie innere Sicherheit, Selbstvertrauen und Lebensfreude in hohem Maße erlangen.

Abnehmender Mond

Vollmond bis abnehmender Halbmond Sonne-Mond-Quadrat Nach der Opposition, dem Vollmond, beginnt der Mond abzunehmen. Er macht sich auf den Weg, um zur Sonne zurückzukehren. Er bewegt sich auf die Konjunktion, den Neumond, zu.

Hat der Mond wieder einen Winkel von 90 Grad zur Sonne erreicht, haben wir abnehmenden Halbmond (z. B. steht die Sonne auf 0 Grad in Wassermann und der Mond zwischen 0 bis 10 Grad in Skorpion).

Abnehmender Halbmond bis Neumond Menschen, die mit dem Mond zwischen 90 Grad hinter der Sonne bis auf wenige Grade kurz vor Neumond geboren wurden (z. B. Sonne auf 10 Grad in Wassermann, Mond auf 7 Grad in Steinbock).

Menschen, die bei abnehmendem Halbmond geboren wurden, neigen in besonderer Weise dazu, ihr Denken und Handeln zu überprüfen. Ihnen ist es wichtig, aus den Erfahrungen, die sie in ihrem Leben gemacht haben, zu lernen und damit konstruktiv umzugehen. Diese Menschen besitzen ein ausgezeichnetes Gespür dafür, wie sie ihre Wünsche und Ziele mit den Erfahrungen und Eindrücken des alltäglichen Lebens in Einklang bringen können. Dabei verschwenden sie wenig Zeit mit übermütigen, unrealistischen Träumen und verlieren sich auch nicht in einer imaginären Phantasiewelt. Sie sind viel zu pragmatisch, um Luftschlösser zu bauen.

Diejenigen, die im weiteren Verlauf des abnehmenden Mondes geboren wurden, neigen verstärkt dazu, innere und äußere Strukturen, Gewohnheiten, Verhaltensweisen und Wertvorstellungen zu hinterfragen. Sie versuchen, aus engen, vertrauten Mustern herauszutreten, um neue Möglichkeiten zu entdecken und um neue Ziele ins Auge zu fassen.

Mondphasen 1920–2005

1920	Jan.	Febr.	März	Apr.	Mai	Juni	Juli	Aug.	Sept.	Okt.	Nov.	Dez.
NM	21	19	20	18	18	16	15	14	12	12	10	10
ZH	28	27	27	25	24	23	22	21	20	20	18	18
VM	5	4	4	3	3	1	1/31	29	28	27	26	25
AH	13	11	12	11	11	9	9	7	5	5	3	2

1921	Jan.	Febr.	März	Apr.	Mai	Juni	Juli	Aug.	Sept.	Okt.	Nov.	Dez.
NM	9	8	9	8	7	6	5	3	2	1/31	29	29
ZH	17	15	17	15	14	12	12	10	9	8	7	7
VM	24	22	23	22	21	20	20	18	17	17	15	15
AH	1/30	-	1/31	30	29	28	28	26	24	24	22	21

1922	Jan.	Febr.	März	Apr.	Mai	Juni	Juli	Aug.	Sept.	Okt.	Nov.	Dez.
NM	28	26	28	27	26	25	24	22	21	20	19	18
ZH	6	5	6	5	4	2	1/31	29	27	27	26	26
VM	13	12	13	11	11	9	9	7	6	6	4	4
AH	20	18	20	19	18	17	17	15	14	13	12	11

1923	Jan.	Febr.	März	Apr.	Mai	Juni	Juli	Aug.	Sept.	Okt.	Nov.	Dez.
NM	17	15	17	16	15	14	14	12	10	10	8	8
ZH	25	24	25	24	23	21	21	19	17	16	15	15
VM	3	1	3	1/30	30	28	27	26	25	24	23	23
AH	10	8	9	8	7	6	6	4	3	3	1	1/30

1924	Jan.	Febr.	März	Apr.	Mai	Juni	Juli	Aug.	Sept.	Okt.	Nov.	Dez.
NM	6	5	5	4	4	2	2/31	30	28	28	26	26
ZH	13	12	13	12	12	10	9	8	6	5	3	3
VM	22	20	21	19	18	17	16	14	13	12	11	11
AH	29	27	27	26	25	24	23	22	21	20	19	19

1925	Jan.	Febr.	März	Apr.	Mai	Juni	Juli	Aug.	Sept.	Okt.	Nov.	Dez.
NM	24	23	24	23	22	21	20	19	18	17	16	15
ZH	2/31	-	2	1	1/30	29	28	27	25	24	23	22
VM	10	8	10	9	8	6	6	4	2	2/31	30	30
AH	17	16	17	16	15	13	12	11	10	9	8	8

1926	Jan.	Febr.	März	Apr.	Mai	Juni	Juli	Aug.	Sept.	Okt.	Nov.	Dez.
NM	14	12	14	12	11	10	10	8	7	6	5	5
ZH	20	19	21	20	19	18	18	16	15	14	13	12
VM	28	27	29	28	27	25	25	23	21	21	19	19
AH	7	6	7	5	5	3	2/31	30	28	28	27	27

1927	Jan.	Febr.	März	Apr.	Mai	Juni	Juli	Aug.	Sept.	Okt.	Nov.	Dez.
NM	3	2	3	2	1/30	29	28	27	25	25	24	24
ZH	10	9	10	9	8	7	7	5	4	4	2	2/31
VM	17	16	18	17	16	15	14	13	11	10	9	8
AH	26	24	26	24	24	22	21	19	18	17	16	16

1928	Jan.	Febr.	März	Apr.	Mai	Juni	Juli	Aug.	Sept.	Okt.	Nov.	Dez.
NM	22	21	21	20	19	17	17	15	14	13	12	12
ZH	29	28	28	26	26	24	24	23	22	21	20	20
VM	7	5	6	5	4	3	3	1/31	29	28	27	26
AH	14	13	14	13	12	11	10	8	6	6	4	4

1929	Jan.	Febr.	März	Apr.	Mai	Juni	Juli	Aug.	Sept.	Okt.	Nov.	Dez.
NM	11	9	11	9	9	7	6	5	3	2	1	1/31
ZH	18	17	18	16	15	14	13	12	10	10	9	9
VM	25	23	25	23	23	22	21	20	19	18	17	16
AH	2	1	3	2	2/31	30	29	27	26	25	23	23

1930	Jan.	Febr.	März	Apr.	Mai	Juni	Juli	Aug.	Sept.	Okt.	Nov.	Dez.
NM	29	28	30	28	28	26	25	24	22	21	20	20
ZH	8	6	8	6	5	3	3	1/31	29	29	28	28
VM	14	13	14	13	12	11	10	9	8	7	6	6
AH	21	20	22	20	20	19	18	17	15	15	13	12

1931	Jan.	Febr.	März	Apr.	Mai	Juni	Juli	Aug.	Sept.	Okt.	Nov.	Dez.
NM	18	17	19	18	17	16	15	13	12	11	9	9
ZH	27	25	27	25	24	23	22	20	18	18	17	16
VM	4	3	4	2	2/31	30	29	28	26	26	25	25
AH	11	9	11	9	9	8	8	6	5	4	3	2

1932	Jan.	Febr.	März	Apr.	Mai	Juni	Juli	Aug.	Sept.	Okt.	Nov.	Dez.
NM	8	6	7	6	5	4	3	2/31	30	29	28	27
ZH	15	14	15	14	13	11	11	9	7	6	5	4
VM	23	22	22	20	20	18	17	16	14	14	13	13
AH	1/30	28	29	27	27	25	25	24	23	22	21	20

1933	Jan.	Febr.	März	Apr.	Mai	Juni	Juli	Aug.	Sept.	Okt.	Nov.	Dez.
NM	26	24	26	24	24	23	22	21	19	19	17	17
ZH	3	2	4	3	2	1/30	30	28	26	25	24	23
VM	11	10	12	10	9	8	7	5	4	3	2	2/31
AH	19	17	18	17	16	15	14	13	11	11	10	10

1934	Jan.	Febr.	März	Apr.	Mai	Juni	Juli	Aug.	Sept.	Okt.	Nov.	Dez.
NM	15	14	15	14	13	12	11	10	9	8	7	6
ZH	22	21	23	21	21	20	19	18	16	15	14	13
VM	30	-	1/31	29	28	27	26	24	23	22	21	20
AH	8	7	8	7	6	4	3	2/31	30	30	29	29

1935	Jan.	Febr.	März	Apr.	Mai	Juni	Juli	Aug.	Sept.	Okt.	Nov.	Dez.
NM	5	3	5	3	2	1/30	30	29	27	27	26	25
ZH	11	10	12	10	10	9	8	7	6	5	4	3
VM	19	18	20	18	18	16	16	14	12	12	10	10
AH	27	26	27	26	25	23	22	21	19	19	18	17

1936	Jan.	Febr.	März	Apr.	Mai	Juni	Juli	Aug.	Sept.	Okt.	Nov.	Dez.
NM	24	22	23	21	20	19	18	17	15	15	14	14
ZH	1/31	29	29	28	28	26	26	25	23	23	22	21
VM	8	7	8	6	6	5	4	3	1/30	30	28	28
AH	16	15	16	14	14	12	11	9	8	7	6	5

1937	Jan.	Febr.	März	Apr.	Mai	Juni	Juli	Aug.	Sept.	Okt.	Nov.	Dez.
NM	12	11	12	11	10	8	8	6	4	4	3	3
ZH	19	18	19	17	17	15	15	14	12	12	11	11
VM	26	25	27	25	25	24	23	22	20	19	18	17
AH	4	3	5	4	3	2	1/30	29	27	26	25	24

1938	Jan.	Febr.	März	Apr.	Mai	Juni	Juli	Aug.	Sept.	Okt.	Nov.	Dez.
NM	1/31	-	2/31	30	29	27	27	25	23	23	22	21
ZH	9	8	9	7	6	5	4	3	1	1/31	30	29
VM	16	14	16	14	14	13	12	11	9	9	7	7
AH	23	22	24	22	22	21	20	18	17	16	14	14

1939	Jan.	Febr.	März	Apr.	Mai	Juni	Juli	Aug.	Sept.	Okt.	Nov.	Dez.
NM	20	19	21	19	19	17	16	15	13	12	11	10
ZH	28	27	28	26	26	24	23	21	20	20	19	18
VM	5	4	5	4	3	2	1/31	29	28	28	26	26
AH	12	11	12	11	11	10	9	8	6	6	4	3

NM = Neumond **ZH** = Zunehmender Halbmond **VM** = Vollmond **AH** = Abnehmender Halbmond

1940

	Jan.	Febr.	März	Apr.	Mai	Juni	Juli	Aug.	Sept.	Okt.	Nov.	Dez.
NM	9	8	9	7	7	6	5	3	2	1/30	29	28
ZH	17	16	17	15	14	13	12	10	8	8	6	6
VM	25	23	23	22	21	20	19	18	16	16	15	14
AH	2/31	-	1/30	29	29	27	27	26	24	24	22	22

1941

	Jan.	Febr.	März	Apr.	Mai	Juni	Juli	Aug.	Sept.	Okt.	Nov.	Dez.
NM	27	26	27	26	26	24	24	22	21	20	19	18
ZH	5	4	6	5	4	2	2/31	29	27	27	25	25
VM	13	12	13	11	11	9	8	7	5	5	4	3
AH	20	18	20	18	18	16	16	15	13	13	12	11

1942

	Jan.	Febr.	März	Apr.	Mai	Juni	Juli	Aug.	Sept.	Okt.	Nov.	Dez.
NM	16	15	17	15	15	13	13	12	10	10	8	8
ZH	24	23	25	23	23	21	21	19	17	16	15	14
VM	2	1	3	1/30	30	28	27	26	24	24	22	22
AH	10	8	9	8	7	5	5	4	2	2	1	1/30

1943

	Jan.	Febr.	März	Apr.	Mai	Juni	Juli	Aug.	Sept.	Okt.	Nov.	Dez.
NM	6	5	6	4	4	2	2	1/30	29	29	27	27
ZH	13	12	13	12	12	11	10	9	7	6	5	4
VM	21	20	21	20	19	18	17	15	14	13	12	11
AH	29	27	29	27	26	24	24	22	21	21	19	19

1944

	Jan.	Febr.	März	Apr.	Mai	Juni	Juli	Aug.	Sept.	Okt.	Nov.	Dez.
NM	25	24	24	22	22	20	20	18	17	17	15	15
ZH	2	1	1/31	30	30	28	28	27	25	24	23	22
VM	10	9	10	8	8	6	6	4	2	2/31	30	29
AH	18	17	17	16	15	13	12	11	9	9	7	7

1945

	Jan.	Febr.	März	Apr.	Mai	Juni	Juli	Aug.	Sept.	Okt.	Nov.	Dez.
NM	14	12	14	12	11	10	9	8	6	6	5	4
ZH	21	19	20	19	18	17	17	16	14	14	13	12
VM	28	27	28	27	27	25	25	23	21	21	19	19
AH	6	5	7	5	5	3	2/31	30	28	27	26	26

1946

	Jan.	Febr.	März	Apr.	Mai	Juni	Juli	Aug.	Sept.	Okt.	Nov.	Dez.
NM	3	2	3	2	1/30	29	28	26	25	25	23	23
ZH	10	9	10	8	8	6	6	4	3	3	2	1/31
VM	17	16	17	16	16	14	14	12	11	10	9	8
AH	25	24	25	24	24	22	21	20	18	17	15	15

1947

	Jan.	Febr.	März	Apr.	Mai	Juni	Juli	Aug.	Sept.	Okt.	Nov.	Dez.
NM	22	21	22	21	20	18	18	16	14	14	12	12
ZH	30	28	29	27	27	25	24	23	22	22	20	20
VM	7	5	7	5	5	3	3	2/31	30	29	28	27
AH	14	12	14	13	13	11	11	9	8	7	5	5

1948

	Jan.	Febr.	März	Apr.	Mai	Juni	Juli	Aug.	Sept.	Okt.	Nov.	Dez.
NM	11	10	10	9	9	7	6	5	3	2	1/30	30
ZH	19	18	18	16	16	14	13	11	10	9	8	8
VM	26	24	25	23	23	21	21	19	18	18	16	16
AH	3	2	2	1	1/30	29	29	27	26	25	23	23

1949

	Jan.	Febr.	März	Apr.	Mai	Juni	Juli	Aug.	Sept.	Okt.	Nov.	Dez.
NM	29	27	29	28	27	26	25	24	22	21	20	19
ZH	7	6	8	6	5	4	3	1/30	29	28	27	27
VM	14	13	14	13	12	10	10	8	7	7	5	5
AH	21	20	21	20	19	18	18	16	15	15	13	13

1950

	Jan.	Febr.	März	Apr.	Mai	Juni	Juli	Aug.	Sept.	Okt.	Nov.	Dez.
NM	18	16	18	17	17	15	15	13	12	11	10	9
ZH	26	25	26	25	24	23	22	20	18	18	16	16
VM	4	2	4	2	2/31	29	29	27	26	25	24	24
AH	11	9	11	9	8	7	7	5	4	4	3	2

1951

	Jan.	Febr.	März	Apr.	Mai	Juni	Juli	Aug.	Sept.	Okt.	Nov.	Dez.
NM	7	6	7	6	6	4	4	2	1	1/30	29	28
ZH	15	13	15	14	14	12	12	10	8	8	6	5
VM	23	21	23	21	21	19	18	17	15	15	13	13
AH	1/30	29	30	28	27	26	25	24	23	23	21	21

1952

	Jan.	Febr.	März	Apr.	Mai	Juni	Juli	Aug.	Sept.	Okt.	Nov.	Dez.
NM	26	25	25	24	23	22	22	20	19	18	17	17
ZH	4	2	3	2	2/31	30	30	28	26	26	24	23
VM	12	11	11	10	9	8	7	5	4	3	2	1/31
AH	20	18	19	17	16	14	14	12	11	10	9	9

1953

	Jan.	Febr.	März	Apr.	Mai	Juni	Juli	Aug.	Sept.	Okt.	Nov.	Dez.
NM	15	14	15	13	13	11	11	9	8	8	6	6
ZH	22	20	22	21	20	19	19	17	16	15	14	13
VM	30	28	30	29	28	27	26	24	23	22	21	20
AH	8	7	8	7	6	4	3	2/31	29	29	28	28

1954

	Jan.	Febr.	März	Apr.	Mai	Juni	Juli	Aug.	Sept.	Okt.	Nov.	Dez.
NM	5	3	5	3	2	1/30	29	28	27	26	25	25
ZH	12	10	11	10	9	8	8	6	5	5	3	3
VM	19	17	19	18	17	16	16	14	12	12	10	10
AH	27	26	27	26	25	23	23	21	19	18	17	17

1955

	Jan.	Febr.	März	Apr.	Mai	Juni	Juli	Aug.	Sept.	Okt.	Nov.	Dez.
NM	24	22	24	22	21	20	19	17	16	15	14	14
ZH	1/31	-	1/30	29	28	27	26	25	24	24	22	22
VM	8	7	8	7	6	5	5	3	2	1/31	29	29
AH	15	14	16	15	15	13	12	11	9	8	6	6

1956

	Jan.	Febr.	März	Apr.	Mai	Juni	Juli	Aug.	Sept.	Okt.	Nov.	Dez.
NM	13	11	12	11	10	8	8	6	4	4	2	2
ZH	20	19	19	18	17	15	14	13	12	11	10	10
VM	27	26	26	25	24	23	22	21	20	19	18	17
AH	4	3	4	3	3	1	1/30	29	27	26	25	24

1957

	Jan.	Febr.	März	Apr.	Mai	Juni	Juli	Aug.	Sept.	Okt.	Nov.	Dez.
NM	1/30	-	1/31	30	29	27	27	25	23	23	21	21
ZH	9	8	9	7	7	5	4	2	1/30	30	29	29
VM	16	14	16	14	13	12	11	10	9	8	7	7
AH	22	21	23	22	21	20	20	18	17	16	14	14

1958

	Jan.	Febr.	März	Apr.	Mai	Juni	Juli	Aug.	Sept.	Okt.	Nov.	Dez.
NM	19	18	20	19	18	17	16	15	13	12	11	10
ZH	28	26	28	26	26	24	23	21	20	19	18	18
VM	5	4	5	4	3	1	1/30	29	27	27	26	26
AH	12	11	12	11	10	9	9	7	6	6	4	4

1959

	Jan.	Febr.	März	Apr.	Mai	Juni	Juli	Aug.	Sept.	Okt.	Nov.	Dez.
NM	9	7	9	8	7	6	6	4	3	2/31	30	29
ZH	16	15	17	16	15	14	13	11	9	9	7	7
VM	24	23	24	23	22	20	20	18	17	16	15	15
AH	2/31	-	2/31	29	29	27	27	26	25	24	23	23

1960

	Jan.	Febr.	März	Apr.	Mai	Juni	Juli	Aug.	Sept.	Okt.	Nov.	Dez.
NM	28	26	27	25	25	24	23	22	21	20	19	18
ZH	5	4	5	4	4	2	2/31	29	28	27	25	25
VM	14	12	13	11	11	9	8	7	5	4	3	3
AH	21	20	20	18	17	16	15	14	12	12	11	11

1961

	Jan.	Febr.	März	Apr.	Mai	Juni	Juli	Aug.	Sept.	Okt.	Nov.	Dez.
NM	16	15	16	15	14	13	12	11	10	9	8	8
ZH	23	22	24	22	22	21	21	19	17	17	15	14
VM	2/31	-	2	1/30	30	28	27	26	24	23	22	22
AH	10	8	10	8	7	5	5	3	2	1/31	30	30

1962

	Jan.	Febr.	März	Apr.	Mai	Juni	Juli	Aug.	Sept.	Okt.	Nov.	Dez.
NM	6	5	6	4	4	2	2/31	30	28	28	27	26
ZH	13	11	13	11	11	10	10	8	7	6	5	4
VM	20	19	21	20	19	18	17	15	14	13	11	11
AH	29	27	29	27	26	25	24	22	20	20	19	18

1963

	Jan.	Febr.	März	Apr.	Mai	Juni	Juli	Aug.	Sept.	Okt.	Nov.	Dez.
NM	25	24	25	23	23	21	20	19	17	17	16	16
ZH	3	1	2	1/30	30	28	28	27	26	25	24	23
VM	10	8	10	9	8	7	6	5	3	3	1	1/30
AH	17	16	18	17	16	14	14	12	10	9	8	7

1964

	Jan.	Febr.	März	Apr.	Mai	Juni	Juli	Aug.	Sept.	Okt.	Nov.	Dez.
NM	14	13	14	12	11	10	9	7	6	5	4	4
ZH	22	20	20	19	18	17	16	15	13	13	12	12
VM	29	27	28	26	26	25	24	23	21	21	19	19
AH	6	5	6	5	4	3	2	1/30	28	27	26	25

1965

	Jan.	Febr.	März	Apr.	Mai	Juni	Juli	Aug.	Sept.	Okt.	Nov.	Dez.
NM	2	1	3	2	1/30	29	28	26	25	24	23	22
ZH	10	9	10	9	8	6	5	4	2	2	1	1/31
VM	17	16	17	16	15	14	13	12	11	10	9	8
AH	24	23	25	23	23	22	21	20	18	17	16	15

1966

	Jan.	Febr.	März	Apr.	Mai	Juni	Juli	Aug.	Sept.	Okt.	Nov.	Dez.
NM	21	20	22	20	20	18	18	16	14	14	12	12
ZH	29	28	29	28	27	25	24	23	21	21	20	19
VM	7	5	7	5	4	3	2	1/31	29	29	28	27
AH	13	12	14	12	12	11	10	9	8	7	5	5

1967

	Jan.	Febr.	März	Apr.	Mai	Juni	Juli	Aug.	Sept.	Okt.	Nov.	Dez.
NM	10	9	11	9	9	8	7	6	4	3	2	1/31
ZH	18	17	19	17	17	15	14	12	11	10	9	8
VM	26	24	26	24	23	22	21	20	18	18	17	17
AH	3	2	3	1	1/31	29	29	28	26	26	25	24

1968

	Jan.	Febr.	März	Apr.	Mai	Juni	Juli	Aug.	Sept.	Okt.	Nov.	Dez.
NM	29	28	28	27	27	25	25	24	22	21	20	19
ZH	7	6	7	6	5	4	3	1/31	29	28	27	26
VM	15	14	14	13	12	10	10	8	6	6	5	5
AH	22	21	21	19	19	17	17	16	14	14	13	13

1969

	Jan.	Febr.	März	Apr.	Mai	Juni	Juli	Aug.	Sept.	Okt.	Nov.	Dez.
NM	18	16	18	16	16	15	14	13	11	11	9	9
ZH	25	24	26	24	24	23	22	20	19	18	16	16
VM	3	2	4	2	2/31	29	29	27	25	25	24	23
AH	11	10	11	9	8	7	6	5	3	3	2	2/31

1970

	Jan.	Febr.	März	Apr.	Mai	Juni	Juli	Aug.	Sept.	Okt.	Nov.	Dez.
NM	7	6	7	6	5	4	3	2/31	30	30	28	28
ZH	14	13	14	13	13	12	11	10	8	8	6	5
VM	22	21	23	21	21	19	18	17	15	14	13	12
AH	30	-	1/30	28	27	26	25	23	22	22	21	20

1971

	Jan.	Febr.	März	Apr.	Mai	Juni	Juli	Aug.	Sept.	Okt.	Nov.	Dez.
NM	26	25	26	25	24	22	22	20	19	19	18	17
ZH	4	2	4	2	2	1/30	30	29	27	27	25	25
VM	11	10	12	10	10	9	8	6	5	4	2	2/31
AH	19	18	20	18	17	16	15	13	11	11	9	9

1972

	Jan.	Febr.	März	Apr.	Mai	Juni	Juli	Aug.	Sept.	Okt.	Nov.	Dez.
NM	16	15	15	13	13	11	10	9	7	7	6	5
ZH	23	21	22	20	20	18	18	17	15	15	14	13
VM	30	29	29	28	28	26	26	24	23	22	21	20
AH	8	7	8	7	6	4	4	2/31	29	29	27	27

1973

	Jan.	Febr.	März	Apr.	Mai	Juni	Juli	Aug.	Sept.	Okt.	Nov.	Dez.
NM	4	3	5	3	2	1/30	29	28	26	26	24	24
ZH	12	10	11	10	9	7	7	5	4	4	3	3
VM	18	17	19	17	17	15	15	14	12	12	10	10
AH	26	25	27	25	25	23	23	21	19	18	17	16

1974

	Jan.	Febr.	März	Apr.	Mai	Juni	Juli	Aug.	Sept.	Okt.	Nov.	Dez.
NM	23	22	23	22	21	20	19	17	16	15	14	13
ZH	1/31	-	1/31	29	28	26	26	24	23	23	21	21
VM	8	7	8	6	6	4	4	3	1	1/31	29	29
AH	15	14	15	14	14	13	12	11	9	8	7	6

1975

	Jan.	Febr.	März	Apr.	Mai	Juni	Juli	Aug.	Sept.	Okt.	Nov.	Dez.
NM	12	11	13	11	11	9	9	7	5	5	3	3
ZH	20	19	20	19	18	16	15	14	12	12	10	10
VM	27	26	27	25	25	23	23	21	20	20	18	18
AH	4	3	4	3	3	2	1/31	30	28	27	26	25

1976

	Jan.	Febr.	März	Apr.	Mai	Juni	Juli	Aug.	Sept.	Okt.	Nov.	Dez.
NM	1/31	-	1/30	29	29	27	27	25	23	23	21	21
ZH	9	8	9	7	7	5	4	2	1/30	29	28	28
VM	17	15	16	14	13	12	11	10	8	8	7	6
AH	24	22	22	21	20	19	19	18	16	16	14	14

1977

	Jan.	Febr.	März	Apr.	Mai	Juni	Juli	Aug.	Sept.	Okt.	Nov.	Dez.
NM	19	18	19	18	18	16	16	14	13	12	11	10
ZH	27	26	27	26	26	24	23	22	20	19	17	17
VM	5	4	5	4	3	1	1/30	28	27	27	25	25
AH	12	11	12	10	10	8	8	6	5	5	4	3

1978

	Jan.	Febr.	März	Apr.	Mai	Juni	Juli	Aug.	Sept.	Okt.	Nov.	Dez.
NM	9	7	9	7	7	5	5	4	2	2/31	30	29
ZH	16	14	16	15	15	13	13	11	10	9	7	7
VM	24	23	24	23	22	20	20	18	16	16	14	14
AH	2	1	2/31	29	29	27	26	25	24	24	22	22

1979

	Jan.	Febr.	März	Apr.	Mai	Juni	Juli	Aug.	Sept.	Okt.	Nov.	Dez.
NM	28	26	28	26	26	24	24	22	21	21	19	19
ZH	5	4	5	4	4	2	2	1/30	29	28	26	26
VM	13	12	13	12	12	10	9	8	6	5	4	3
AH	21	20	21	19	19	17	16	14	13	12	11	11

1980

	Jan.	Febr.	März	Apr.	Mai	Juni	Juli	Aug.	Sept.	Okt.	Nov.	Dez.
NM	17	16	16	15	14	12	12	10	9	9	7	7
ZH	24	23	23	22	21	20	20	19	17	17	15	15
VM	2	1	1/31	30	29	28	27	26	24	23	22	21
AH	10	9	10	8	7	6	5	3	1	1/30	29	29

1981

	Jan.	Febr.	März	Apr.	Mai	Juni	Juli	Aug.	Sept.	Okt.	Nov.	Dez.
NM	6	4	6	4	4	2	1/31	29	28	27	26	26
ZH	13	11	13	11	11	9	9	7	6	6	5	4
VM	20	18	20	19	19	17	17	15	14	13	11	11
AH	28	27	28	27	26	25	24	22	20	20	18	18

1982

	Jan.	Febr.	März	Apr.	Mai	Juni	Juli	Aug.	Sept.	Okt.	Nov.	Dez.
NM	25	23	25	23	23	21	20	19	17	17	15	15
ZH	3	1	2	1/30	29	28	27	26	25	25	23	23
VM	9	8	9	8	8	6	6	5	3	3	1	1/30
AH	17	15	17	16	16	14	14	12	10	10	8	7

1983

	Jan.	Febr.	März	Apr.	Mai	Juni	Juli	Aug.	Sept.	Okt.	Nov.	Dez.
NM	14	13	14	13	12	11	10	8	7	6	4	4
ZH	22	20	22	20	19	17	17	15	14	13	12	12
VM	28	27	28	27	26	25	25	23	22	21	20	20
AH	6	4	6	5	5	3	3	2/31	29	29	27	26

1984

	Jan.	Febr.	März	Apr.	Mai	Juni	Juli	Aug.	Sept.	Okt.	Nov.	Dez.
NM	3	2	2	1	1/30	29	28	26	25	24	22	22
ZH	11	10	10	9	8	6	5	4	2	1/31	30	30
VM	18	17	17	15	15	13	13	11	10	10	8	8
AH	25	23	24	23	22	21	21	19	18	17	16	15

1985

	Jan.	Febr.	März	Apr.	Mai	Juni	Juli	Aug.	Sept.	Okt.	Nov.	Dez.
NM	21	19	21	20	19	18	18	16	14	14	12	12
ZH	29	28	29	28	27	25	25	23	21	20	19	19
VM	7	5	7	5	4	3	2/31	30	29	28	27	27
AH	14	12	13	12	11	10	10	8	7	7	5	5

1986

	Jan.	Febr.	März	Apr.	Mai	Juni	Juli	Aug.	Sept.	Okt.	Nov.	Dez.
NM	10	9	10	9	9	7	7	5	4	3	2	1/31
ZH	17	16	18	17	17	15	14	13	11	10	8	8
VM	26	24	26	24	23	22	21	19	18	17	16	16
AH	3	2	3	1	1/30	29	28	27	26	26	24	24

1987

	Jan.	Febr.	März	Apr.	Mai	Juni	Juli	Aug.	Sept.	Okt.	Nov.	Dez.
NM	29	28	29	28	27	26	25	24	23	22	21	20
ZH	6	5	7	6	6	4	4	2	1/30	29	28	27
VM	15	13	15	14	13	11	11	9	7	7	5	5
AH	22	21	22	20	20	18	17	16	15	14	13	13

1988

	Jan.	Febr.	März	Apr.	Mai	Juni	Juli	Aug.	Sept.	Okt.	Nov.	Dez.
NM	19	17	18	16	16	14	13	12	11	10	9	9
ZH	25	24	25	24	23	22	22	20	19	18	16	16
VM	4	2	3	2	2/31	29	29	27	25	25	23	23
AH	12	11	11	9	9	7	6	4	3	2	1	1/31

1989

	Jan.	Febr.	März	Apr.	Mai	Juni	Juli	Aug.	Sept.	Okt.	Nov.	Dez.
NM	7	6	7	6	5	3	3	1/31	29	29	28	28
ZH	14	13	14	12	12	11	11	9	8	8	6	6
VM	21	20	22	21	20	19	18	17	15	14	13	12
AH	30	28	30	28	28	26	25	23	22	21	20	20

1990

	Jan.	Febr.	März	Apr.	Mai	Juni	Juli	Aug.	Sept.	Okt.	Nov.	Dez.
NM	26	25	26	25	24	22	22	20	19	18	17	17
ZH	4	2	4	2	1/31	30	29	28	27	26	25	25
VM	11	9	11	10	9	8	8	6	5	4	2	2/31
AH	18	17	19	18	17	16	15	13	11	11	9	9

1991

	Jan.	Febr.	März	Apr.	Mai	Juni	Juli	Aug.	Sept.	Okt.	Nov.	Dez.
NM	16	14	16	14	14	12	11	10	8	7	6	6
ZH	23	21	23	21	20	19	18	17	16	15	14	14
VM	30	28	30	28	28	27	26	25	24	23	21	21
AH	7	6	8	7	7	5	5	3	1	1/30	28	28

1992

	Jan.	Febr.	März	Apr.	Mai	Juni	Juli	Aug.	Sept.	Okt.	Nov.	Dez.
NM	5	3	4	3	2	1/30	29	28	26	25	24	24
ZH	13	11	12	10	9	7	7	5	4	3	2	2
VM	19	18	18	17	16	15	14	13	12	11	10	10
AH	26	25	26	24	24	23	23	21	19	19	17	16

1993

	Jan.	Febr.	März	Apr.	Mai	Juni	Juli	Aug.	Sept.	Okt.	Nov.	Dez.
NM	22	21	23	22	21	20	19	17	16	15	13	13
ZH	1/31	-	1/31	29	28	27	26	24	22	22	21	20
VM	8	7	8	6	6	4	4	2	1/30	30	29	29
AH	15	13	15	13	13	12	12	10	9	8	7	6

1994

	Jan.	Febr.	März	Apr.	Mai	Juni	Juli	Aug.	Sept.	Okt.	Nov.	Dez.
NM	12	10	12	11	10	9	8	7	5	5	3	3
ZH	19	18	20	19	18	16	16	14	12	11	10	9
VM	27	26	27	25	25	23	22	21	19	19	18	18
AH	5	3	4	3	2	1/30	30	29	28	27	26	25

1995

	Jan.	Febr.	März	Apr.	Mai	Juni	Juli	Aug.	Sept.	Okt.	Nov.	Dez.
NM	1/30	-	1/31	29	29	28	27	26	24	24	22	22
ZH	8	7	9	8	7	6	5	4	2	1/30	29	28
VM	16	15	17	15	14	13	12	10	9	8	7	7
AH	24	22	23	22	21	19	19	18	16	16	15	15

1996

	Jan.	Febr.	März	Apr.	Mai	Juni	Juli	Aug.	Sept.	Okt.	Nov.	Dez.
NM	20	19	19	18	17	16	15	14	13	12	11	10
ZH	27	26	27	25	25	24	23	22	20	19	18	17
VM	5	4	5	4	3	1	1/30	28	27	26	25	24
AH	13	12	12	11	10	8	7	6	4	4	3	3

1997

	Jan.	Febr.	März	Apr.	Mai	Juni	Juli	Aug.	Sept.	Okt.	Nov.	Dez.
NM	9	7	9	7	6	5	4	3	2	1/31	30	29
ZH	15	14	16	14	14	13	12	11	10	9	7	7
VM	23	22	24	22	22	20	20	18	16	16	14	14
AH	2/31	-	2/31	30	29	27	26	25	23	23	22	21

1998

	Jan.	Febr.	März	Apr.	Mai	Juni	Juli	Aug.	Sept.	Okt.	Nov.	Dez.
NM	28	26	28	26	25	24	23	22	20	20	19	18
ZH	5	3	5	3	3	2	1/31	30	28	28	27	26
VM	12	11	13	12	11	10	9	8	6	5	4	3
AH	20	19	21	19	19	17	16	14	13	12	11	10

1999

	Jan.	Febr.	März	Apr.	Mai	Juni	Juli	Aug.	Sept.	Okt.	Nov.	Dez.
NM	17	16	17	16	15	13	13	11	9	9	8	7
ZH	24	23	24	22	22	20	20	19	17	17	16	16
VM	2/31	-	2	1/30	30	28	28	27	25	24	23	22
AH	9	8	10	9	8	7	6	4	3	2/31	30	29

2000

	Jan.	Febr.	März	Apr.	Mai	Juni	Juli	Aug.	Sept.	Okt.	Nov.	Dez.
NM	6	5	6	4	4	2	1/31	29	27	27	26	25
ZH	14	13	13	11	10	9	8	7	5	5	4	4
VM	21	19	20	18	18	17	16	15	13	13	11	11
AH	28	27	28	26	26	25	24	22	21	20	18	18

2001

	Jan.	Febr.	März	Apr.	Mai	Juni	Juli	Aug.	Sept.	Okt.	Nov.	Dez.
NM	24	23	25	23	23	21	20	19	17	16	15	14
ZH	2	1	3	1/30	30	28	27	25	24	24	23	22
VM	9	8	9	8	7	6	5	4	2	2	1/30	30
AH	16	15	16	15	15	14	13	12	10	10	8	7

2002

	Jan.	Febr.	März	Apr.	Mai	Juni	Juli	Aug.	Sept.	Okt.	Nov.	Dez.
NM	13	12	14	12	12	11	10	8	7	6	4	4
ZH	21	20	22	20	19	18	17	15	13	13	11	11
VM	28	27	28	27	26	24	24	23	21	21	20	19
AH	6	4	6	4	4	3	2	1/31	29	29	27	27

2003

	Jan.	Febr.	März	Apr.	Mai	Juni	Juli	Aug.	Sept.	Okt.	Nov.	Dez.
NM	2	1	3	1	1/31	29	29	27	26	25	24	23
ZH	10	9	11	10	9	7	7	5	3	2	1/30	30
VM	18	17	18	16	16	14	13	12	10	10	9	8
AH	25	23	25	23	23	21	21	20	18	18	17	16

2004

	Jan.	Febr.	März	Apr.	Mai	Juni	Juli	Aug.	Sept.	Okt.	Nov.	Dez.
NM	21	20	20	19	19	17	17	16	14	14	12	12
ZH	29	28	29	27	27	25	25	23	21	21	19	18
VM	7	6	7	5	4	3	2/31	30	28	28	26	26
AH	15	13	13	12	11	9	9	8	6	6	5	5

2005

	Jan.	Febr.	März	Apr.	Mai	Juni	Juli	Aug.	Sept.	Okt.	Nov.	Dez.
NM	10	8	10	8	8	6	6	5	3	3	2	1/31
ZH	17	16	17	16	16	15	14	13	11	10	9	8
VM	25	24	25	24	23	22	21	19	18	17	16	15
AH	3	2	3	2	1/30	28	28	26	25	25	23	23

Der Mond in seiner Wirkung auf die Natur

Der am deutlichsten spürbare Einfluss des Mondes auf der Erde sind die Gezeiten Ebbe und Flut. Auch beim monatlichen Zyklus der Frau fühlen wir, dass diese Kräfte eine Wirkung auf uns haben. Alle Organismen reagieren darauf, ebenso die Pflanzen. Als sehr wasserhaltige Pflanzen werden vor allem Reis, Kürbis und Gurke dem Mond zugeordnet.

Die Natur und damit auch der Mensch folgen der Bewegung des Mondes. Die Natur dehnt sich während der Phase des zunehmenden Mondes aus, nimmt zu, belebt und erweitert sich, wird voll, sammelt und wächst. Während der abnehmenden Phase verausgabt sie sich, gibt ab und verringert allmählich ihre Kraft. Man kann sich diese Bewegung ähnlich einem Atemzug vorstellen. Beim Einatmen füllen sich die Lungen, der Körper weitet sich und erreicht die größtmögliche Fülle. Beim Ausatmen leert sich die Lunge weitgehend, der Körper zieht sich zusammen. Es entsteht ein Vakuum, das dann erneut zur Fülle führt.

Allein die runde Form des Kürbis erinnert an den Mond. Er wird jedoch dem Mond nicht deshalb zugeordnet, sondern wegen seiner wassertreibenden Wirkung.

Die Anziehungskraft des Mondes beeinflusst das Geschehen auf der Erde, was am deutlichsten spürbar ist durch die Gezeiten Ebbe und Flut. Die Anziehungskraft des Mondes in Verbindung mit anderen kosmischen Kräften bewegt auch das Wasser im menschlichen Organismus: Man kann also durchaus von Ebbe und Flut im Körper sprechen. »La Luna«, die Mondin, lässt uns die Verbindung spüren, die wir als ganzheitliche Wesen mit dem kosmischen Geschehen haben, z. B. im monatlichen Zyklus der Frau oder in den Launen der Seele, die vor allem bei Vollmond spürbar sind. Aber auch auf unseren Geist wirken die Kräfte des Mondes. In Zeiten des zunehmenden Mondes können wir uns besser konzentrieren und Gelerntes besser merken.

Mondkraft in der Nahrung

Der **REIS** ist als Wasserpflanze dem Mond zugeordnet. Seine wichtigsten Inhaltsstoffe befinden sich in dem das Reiskorn umhüllenden Silberhäutchen. Hildegard von Bingen empfahl bereits im zwölften Jahrhundert einen Reistag in der Woche zur Entstauung des Körpers. Dazu sollte man salzlosen Reis, ergänzt durch natursüßes Apfelmus, essen und ungesüßten Kräutertee oder abgekochtes Wasser trinken.

Der **KÜRBIS** wird ebenfalls dem Mond zugeordnet. Er hat eine außerordentlich wassertreibende Wirkung, entlastet damit die Nieren und senkt hohen Blutdruck. Besonders die Kürbiskerne haben eine regulierende Wirkung auf den Blasenschließmuskel.

Die **GURKE** wird als sehr wasserhaltige Pflanze ebenfalls dem Mond zugeordnet. Sie wirkt ausscheidend und zusammenziehend. Die dem Mond zugeordnete Geschmacksrichtung ist salzig, wenig gewürzt, flüssig.

Der Mond und das Reich der Pflanzen

Das ganze Pflanzenreich untersteht dem Mond. Dennoch gibt es spezielle »Mondpflanzen«, die man vor allem in alten Heilkräuterbüchern findet und die dem Wissen der weisen Frauen entspringen. Sie wirken vor allem umstimmend, kühlend, Feuchte bringend, enzymhaft und gärungsfördernd.

Einen besonderen Stellenwert haben die Pflanzen, denen eine aphrodisierende Wirkung zugeschrieben wird. Mond, Liebe und Fruchtbarkeit haben von jeher einen engen Bezug. Die Zaubermittel der griechischen Göttin Aphrodite können helfen, unsere Liebeskräfte zu entfalten, intensiver zu genießen und unser Empfinden für Erotik und Sexualität zu verfeinern. Diese Pflanzen, zu denen unter anderem Melonen, Rosmarin, Safran, Petersilie, Knabenkraut und Minze gehören, kann man sowohl in der Küche verwenden als auch als Badezusatz oder zur Herstellung entsprechender ätherischer Öle.

Auch die Schlaf- und Betäubungsmittel der alten Heilkunde enthalten oft so genannte Mondpflanzen wie z. B. Mohn oder Alraune, der auch zauberkräftige Wirkung zugesprochen wird.

> *In die Erde eindringend, erhalte ich die Geschöpfe durch meine Kraft; indem ich zum Mond voller Säfte werde, nähre ich alle Pflanzen.*
>
> In der Bhagavadgita, dem 2000 Jahre alten indischen Weisheitsbuch

Die unten aufgeführten Pflanzen sind enthalten in Heiltees, homöopathischen Mitteln, pflanzlichen Tinkturen, ätherischen Ölen oder in spagyrischen Essenzen.

Pflanze	Lateinischer Name	Wirkung
Alraune	Mandragora officinarum	Blähungen, Depressionen, Arthrose, Rheuma, Verstopfung
Bibernell	Pimpinella saxifraga	Husten, Heiserkeit, Verdauungsstörungen
Bitterklee	Menyanthes trifoliata	Magen-Darm-Störungen, Gallenfluss anregend
Brunnenkresse	Nasturtium officinale	Blutarmut
Clematis		Als Bach-Blütenessenz wirkt es konzentrationsfördernd, anregend
Gänseblümchen	Bellis perennis	Nasenbluten
Hafer	Avena sattiva	Schlafstörungen, Ausleitung und Entgiftung
Kalmus	Calamus	Magen-Darm-Störungen, äußerlich als Öl bei Rheuma
Klatschmohn	Papaver rhoeas	Husten- und Erkältungskrankheiten, Entzündungen
Kleblabkraut	Galium aparine	Blutreinigung, Nierenleiden
Kürbis	Cucurbita pepo	Prostatabeschwerden, Prostatavergrößerung
Lavendel	Lavandula	Wirkt beruhigend auf das Zentralnervensystem, bei Durchfall und Blähungen
Linde	Tilia	Grippale Infekte, regt die Schweißbildung an
Mistel	Viscum album	Blutdruckprobleme, außerdem in der Krebstherapie
Mönchspfeffer	Agnus castus	Störungen des weiblichen Zyklus, Unfruchtbarkeit
Passionsblume	Passiflora	Schlaflosigkeit, Nervosität
Salbei	Salvia officinalis	Hals- und Nebenhöhlenentzündungen, Zahnfleischentzündungen, Neigung zu übermäßiger Schweißbildung
Scharfer Mauerpfeffer	Sedum acre	Hoher Blutdruck, schlecht heilende Wunden, Hämorrhoiden
Schwertlilie	Iris versicolor	Kopfschmerzen
Silberweide	Salix alba	Rheuma, Wassereinlagerungen, Kopfschmerzen
Vogelmiere	Stellaria media	Schleimlösend, entgiftend
Wohlriechendes Veilchen	Viola odorata	Bronchitis

Der Mond und seine Wirkung auf den Körper

Der Mond hat Einfluss auf den Körper und seine Gestalt. So kann man einen so genannten Mondtyp an seinem Äußeren erkennen: Er ist eher pyknisch, d. h. etwas untersetzt und von kräftigem Knochenbau. Er vermittelt meist den Eindruck eines umgänglichen Menschen. Sein Gesicht ist rund; auch neigt er zur Körperfülle. Seine Haut ist eher blass, manchmal aber – vor allem bei Frauen – auffallend schön und glatt.

Der Mond und der Magen

Der Magen hat eine Sichelform, so zeigt sich schon eine äußere Ähnlichkeit mit dem zunehmenden Mond. Genauso wie der Mond ändert der Magen beständig seine Form, je nachdem ob er voll oder leer ist.

Der Magen, der sehr stark mit dem Gefühlsleben in Verbindung steht, wird mit seinen Säften vom Mond regiert. Eine Überlastung des Magens sollte vermieden werden. Ein Reis- oder Safttag an Neumond kann ein gutes Regulativ sein, um dem Magen eine Atempause zu gönnen. Haben Sie einmal zu viel oder zu schwer und fett gegessen, kann das homöopathische Mittel Nux vomica D 6, nach dem Essen eingenommen, eine wertvolle Hilfe sein.

Der Mond und die Ernährung

Der Mond beherrscht die gesamte Funktion der Ernährung und Verdauung. Diese geschieht durch Verflüssigung der Nahrung mit Unterstützung einer Vielzahl von Verdauungssäften, die von Magen, Leber und Bauchspeicheldrüse gebildet werden. Je natürlicher die Nahrung und je mehr der Rhythmus von Fülle und Leere, von Aufnahme und Ausscheidung eingehalten wird, um so gesünder ist der Mensch. Achten Sie auf regelmäßige Flüssigkeitszufuhr, jedoch nicht unmittelbar zum oder nach dem Essen, der Verdauungsvorgang wird dadurch eher behindert, die Verdauungssäfte zu sehr verflüssigt.

Enzyme, wie sie z. B. in der Ananas oder in der Papaya enthalten sind, begünstigen den Verdauungsprozess ebenso wie milde galleflussfördernde Naturheilmittel, die Artischocke, Löwenzahn oder Mariendistel enthalten.

Der Mond und der Uterus

Die Astromedizin sieht eine deutliche Beziehung zwischen Mond und Gebärmutter. Da der Mond in allen Kulturen mit Fruchtbarkeit in Verbindung gesetzt wird, regiert er auch über die Fruchtbarkeit der Frau. Die Gebärmutter bietet die geschützte mütterliche Umgebung, in der ein Embryo im Fruchtwasser schwimmend heranwächst. Die Gebärmutter – ähnlich wie der Mond – ändert im Verlauf eines Monatszyklus ihre Form. Am Ende eines solchen Zyklus steht, wenn keine Befruchtung stattgefunden hat, die Ausscheidung. In der Mitte des Zyklus – vergleichbar dem Vollmond – kommt es zu einer erhöhten Hormonausschüttung und damit zum Eisprung. Die Energie ist auf ihrem Höhepunkt. Viele Frauen nehmen während eines Zyklus deutliche Veränderungen in Stimmung und Befinden wahr. Ziehen Sie sich während der Menstruation zurück, wenn Sie das Bedürfnis danach verspüren. Erfreuen Sie sich auf der anderen Seite an den Phasen, in denen Ihr Energieniveau auf dem Höhepunkt ist. Tanzen Sie, und erleben Sie Ihren Körper als Quelle der Lust und Freude.

Der Mond und die Brüste

Die weibliche Brust untersteht dem Mond. Die weißlich klare, milchähnliche Flüssigkeit, die der Ernährung des Neugeborenen dient, hat einen deutlichen Bezug zum Mond. Auch das Anwachsen der Brust während einer Schwangerschaft lässt an weiche, runde und damit mondhafte Formen denken. Pflegen Sie die empfindliche Haut der Brust mit hochwertigen Ölen, und vermeiden Sie zu enge und einschneidende Kleidung.

Der Mond und das Gehirn

Die weiche, weißliche und wässrige Beschaffenheit der Hirnsubstanz ist ein Grund, warum man schon im Altertum das Gehirn mit dem Mond in Verbindung brachte. Außerdem haben beide Gehirnhälften die Form einer

Sichel. Das Gehirn spiegelt unsere Gedanken wider und hat damit einen Bezug zum Mond. Unsere alltäglichen Tätigkeiten fördern hauptsächlich die linke Gehirnhälfte. Doch auch die rechte sollte nicht vernachlässigt werden. Pflegen Sie sie durch Entspannung, Meditation oder kreatives Tun. Die rechte Gehirnhälfte wird aktiviert, wenn wir innere Bilder entwickeln oder in Kontakt mit unserer Intuition sind.

Der Mond und die Psyche

Der Mondtyp lebt mehr nach innen gekehrt und ist eher phlegmatisch. Er neigt dazu, äußere Einflüsse abzuwehren und in innerer Passivität zu verharren. In der Regel ist der Mondtyp sehr anpassungsfähig und kann gut in andere Rollen schlüpfen. Ähnlich wie der Mond die Sonne spiegelt, spiegelt der Mondtyp seine Umwelt. Diese Fähigkeit macht es ihm manchmal nicht leicht, zu seinem wahren inneren Wesen vorzudringen. Er neigt zu Verträumtheit, und oft findet man bei diesen Menschen den Wunsch, Kind zu bleiben. Nicht selten haben diese Menschen eine ausgeprägt künstlerische Begabung. Kinder, die diesem Typ angehören, neigen oft zu Trägheit und geringem Interesse an ihrer Umwelt.

Die Fähigkeit zu »spiegeln« kann sich auch in einer gewissen Leichtigkeit zeigen, mit der intellektuelles Wissen aufgenommen wird. Obwohl diese Menschen über ein immenses Detailwissen verfügen, fällt es ihnen jedoch schwer, zu eigenen Gedanken und Schlüssen zu finden. Besonders beliebt ist der Mondtyp häufig durch seine gemütvolle Art, seine Fähigkeit, zu genießen und eine wohltuende Atmosphäre zu schaffen.

Besonders auffallend am Mondtyp ist seine Intuition. Es scheint, als hätte er direkten Kontakt zum Mond und bezöge sein Wissen von ihm.

Stärken des Mondtyps

- Fruchtbare Phantasie, Kreativität
- Empfänglichkeit, Öffnung
- Flexibler Geist, anpassungsfähig, formbar, wechselhaft
- Intensives Traumerleben, starke übersinnliche Fähigkeiten
- Mütterlich, gebend, weiß andere zu nähren und ihnen zu dienen
- Gefühlvoll, anschmiegsam
- Liebt Tiere

Mögliche Schwächen des Mondtyps

- Unordentlich, unorganisiert, chaotisch
- Kommt immer zu spät
- Ist leicht zu beeinflussen
- Verträumt, zerstreut, unaufmerksam
- Unbeständig, mangelnde Zielstrebigkeit
- Geschwätzig, redet wie ein Wasserfall

Der Mond und sein Einfluss auf Krankheiten

Der Mond ist nicht gerade Sinnbild für große physische Stärke und hohe Widerstandskraft. Deshalb sollten gerade Menschen, in deren Horoskop der Mond dominant ist, ihr Immunsystem durch gesunde Lebensweise mit viel Bewegung und ausgewogener Ernährung stärken. Magen-Darm-Trakt und Geschlechtsorgane sind besonders empfindlich.

Menschen, in deren Horoskop der Mond dominiert, neigen dazu, schon bei kleinsten Krankheitsanzeichen mit Angst zu reagieren. In diesem Fall ist zu empfehlen, die eigene Energie zu stärken durch Sport, eine gesunde Lebensweise und Ernährung, die nicht zu üppig sein sollte.

Magen-Darm-Probleme

Nahrung zu verdauen bedeutet, fremde Substanzen in eigene zu verwandeln und das nicht Verwertbare auszuscheiden. Eine zentrale Rolle spielt dabei der Magen, der die Nahrung aufnimmt und zersetzt als Vorbedingung dafür, dass die einzelnen Stoffe weiterverarbeitet und vom Körper verwertet werden können. Auf eine ähnliche Weise müssen auch Ereignisse und seelische Erlebnisse zuerst zersetzt werden, bevor sie »verdaut« werden können. Geben wir der Mondkraft in uns zu wenig Raum, indem wir uns keine Zeit für uns nehmen, nicht nach innen gehen und die natürlichen Kräfte wirken lassen, kann es zu Verdauungsstörungen im körperlichen und seelischen Bereich kommen. Bei allen Erkrankungen im Bereich des Magens und der Verdauungsorgane haben sich z. B. Musik- und Atemtherapie, Yoga, Homöopathie oder auch Bach-Blüten-Therapie besonders bewährt.

Geschlechtsorgane und Fruchtbarkeit

Die Organe, die der Fortpflanzung dienen, unterstehen dem Mond. Bestimmte Mondstellungen im Horoskop können anzeigen, dass eine Schwangerschaft schwierig sein oder nur schwer zustande kommen kann. Es empfiehlt sich, das Mondprinzip zu stärken, z.B. durch ausreichende Aufnahme von Nahrung, Entspannung, Ruhe und Aufenthalt in der Natur. Das Loslassen und Geschehenlassen sollten geübt und die Geschlechtsorgane durch entsprechende Medikamente und Heilkräuter angeregt werden (z. B. Matrigen I von Soluna).

Parasitenbefall

Häufig wird der Befall des Körpers mit schädlichen Parasiten mit dem Mond in Verbindung gebracht, da es sich um Prozesse handelt, die dem Mond verwandt sind. Diese Parasiten möchten einfach ruhig in ihrem Wirt schlafen, es sich in der warmen, feuchten Umgebung gemütlich machen und sich fortpflanzen. Sie mögen es, gut genährt zu werden und haben in der Regel, zumindest was die schädlichen Darmpilze betrifft, ein starkes Verlangen nach Süßem. Darmparasiten begünstigen zumeist einen Mangel an Klarheit im Denken. Auch hier ergibt sich eine Verbindung zum Mond. Medikamente gegen Parasiten sollten entweder bei Vollmond oder kurz vor Neumond gegeben werden, ebenso wie man mit einer entsprechenden Kur zu diesem Zeitpunkt beginnen sollte.

Seelisch-geistige Erkrankungen

Die Verbindung zwischen dem Mond und Erkrankungen, die mit einer chaotischen seelischen oder geistigen Verfassung einhergehen, finden Sie vor allem in den alten Medizinschriften. In diesen Schriften ist davon die Rede, dass sich der Zustand geistig gestörter Menschen zu Vollmond drastisch verschlechtert. Im Englischen bedeutet das Wort »lunatic« verrückt oder mondsüchtig.

Auch kleinere, seelisch-geistige Verstimmungen hängen oft mit dem Lauf des Mondes zusammen. Aufgrund erhöhter Empfänglichkeit, die zum Wesen des Mondes gehört, empfehlen sich zur Behandlung solcher Störungen vor allem Medikamente aus dem Bereich der Spagyrik (Cerebretik von Soluna) oder aus der Homöopathie und Bach-Blüten-Therapie.

Weitere Körperregionen, die dem Mondprinzip entsprechen, sind Schleimhäute, Lymphe, Tränenapparat und die gesamte linke Körperhälfte. Starke Wassereinlagerungen können ebenfalls auf ein gestörtes oder übermäßig wirksames Mondprinzip hinweisen.

Der Mond und die Wirkung der Akupressur

Akupressurmassagen mit Mondessenzen haben eine beruhigende Wirkung. Massieren Sie die nachfolgend beschriebenen Akupunkturpunkte sanft mit Lavendelöl oder -salbe, mit Melissenöl oder mit der spagyrischen Nachtcreme Lunasol, die eine spezielle Mondrezeptur enthält.

Bei Verspannungen im Körper, nervösem Gesichtszucken oder Anspannung der Augen

Magenmeridian, Punkt A, auf der Lachfalte zwischen Mund und Nase

Bei Einschlafstörungen

Magenmeridian, Punkt B, außen am Schienbein
Konzeptionsgefäß, Punkt C, direkt oberhalb des Schambeins

Bei Nervosität

Herzmeridian, Punkt D, Innenseite Handgelenksfurche
Blasenmeridian Punkt E, Außenseite Fersenbein

Zur allgemeinen Beruhigung

Herzmeridian, Punkt F, lockere Faust machen und den Punkt unterhalb des kleinen Fingers drücken.

Die Akupressur ist wie die Akupunktur Teil der chinesischen Medizin, die präventiv wirkt. Es geht bei ihr um eine Harmonisierung der Lebensenergie. Jeder Krankheit geht dieser Sichtweise nach ein Ungleichgewicht der Lebensenergie voraus. Folglich kommt der Akupressur besonders in der Gesundheitsvorsorge eine besondere Rolle zu. Erfahrenen Heilern gelingt es, mit Hilfe der Akupressur tief greifend auf den Körper einzuwirken.

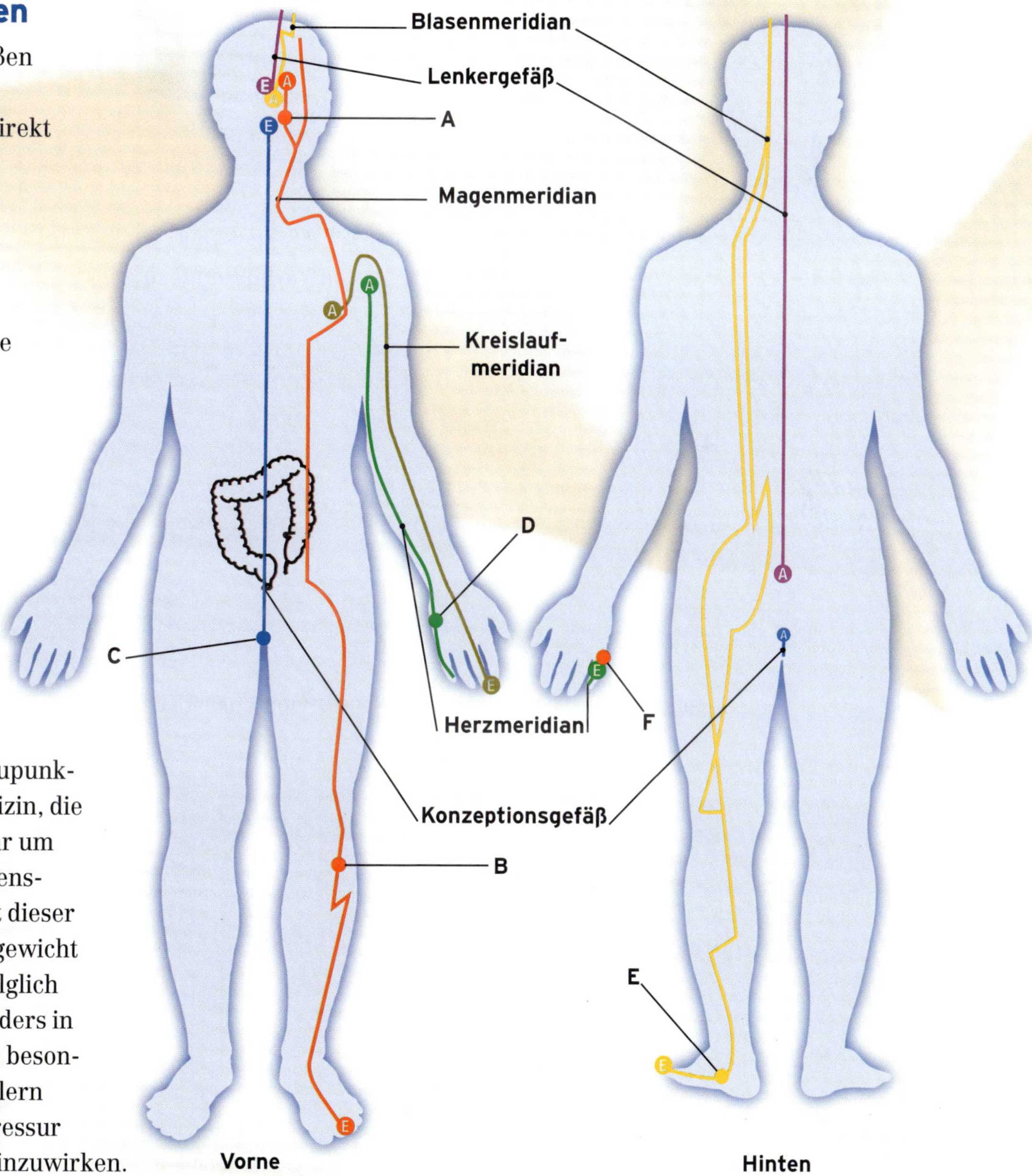

Mondkosmetik

Der Mond ist wesenhaft mit dem Wasser verbunden und damit mit allen Körperflüssigkeiten, vor allem mit dem wässrigen Millieu der Zellen und mit der Lymphflüssigkeit. Bei Neumond oder abnehmendem Mond empfiehlt es sich deshalb, ausleitende Tees zu trinken oder Lymphreinigungskuren zu machen. So können die Körperflüssigkeiten immer wieder erneuert und gereinigt wie auch schädigende Wasseransammlungen in den Geweben vermieden werden.

Der Mond herrscht über das weiche Gewebe im Allgemeinen, vor allem aber über das mit hohem Wassergehalt und über das Fettgewebe. Eine starke Mondbetonung im Horoskop führt zu einem runden und weichen Körper. Solche Menschen neigen oft zu einem übermäßigen Aufbau von Fettgewebe und zu einem schwachen Bindegewebe. Zur Festigung des Bindegewebes eignen sich Kieselsäurepräparate, z. B. Silicea D 12 von Schüssler.

Wellness für Haut und Haar

Da die Haut ein sehr wasserhaltiges Organ ist, haben die Mondphasen auf sie einen deutlichen Einfluss.
ZUNEHMENDER MOND Die Haut ist besser durchblutet, feucht und aufnahmebereit für Nährstoffe. Optimal also für Massagen und Masken, die zum Aufbau der Haut beitragen. Creme zieht deutlich besser ein. Auch sind Gesichtsmasken zur Hautstraffung ideal – allerdings nicht an einem Steinbocktag. Diese Mondphase ist sehr geeignet für Bäder mit heilender Wirkung.
VOLLMOND Die Haut ist feucht und gut durchblutet, Aufbaukuren und regenerierende Masken wirken besonders gut. Auch zeigen Cremes zur Hautstraffung eine recht gute Wirkung.
Wenn Sie während der Vollmondphase unter Schlaflosigkeit leiden, trinken Sie abends beruhigende Tees, oder nehmen Sie ein Entspannungsbad. Schlafen Sie auf duftenden Lavendelkissen, oder legen Sie sich ein Rosen- oder Lavendelkissen auf die Augen.
ABNEHMENDER MOND Die Haut ist eher trocken und schlechter durchblutet. Sie ist weniger schmerzempfindlich. Diese Zeit eignet sich besonders für reinigende Maßnahmen, Entfernung von Pickeln und Mitessern, Entgiftung und Entschlackung. Schälkuren oder Peelings sollten möglichst nicht an Krebs- oder Fischetagen durchgeführt werden. Entspannende Bäder wirken besonders an Wassertagen (= Mond im Fisch, Krebs oder Skorpion). Haarentfernung sollten Sie in dieser Phase auf einen Steinbocktag legen. Schneiden, feilen und polieren Sie an einem solchen Tag ebenfalls Ihre Nägel.

Mondphase	Anwendungen	♈	♉	♊	♋	♌	♍	♎	♏	♐	♑	♒	♓
Zunehmender Mond	Massage und Masken	✓	✓	✓	✓	✓	✓	✓	✓	✓	✗	✓	✓
	Anregende heilende Bäder	✓	✓	✓	✓	✓	✓	✓	✓	✓	✓	✓	✓
	Fußreflexzonenmassage	✗	✗	✗	✗	✗	✗	✗	✗	✗	✗	✗	✓
Vollmond	Aufbaukuren der Haut	✓	✓	✓	✓	✓	✓	✓	✓	✓	✓	✓	✓
	Haare schneiden	✗	✗	✗	✗	✓	✗	✗	✗	✗	✗	✗	✗
Abnehmender Mond	Haare färben/ Haare schneiden	✗	✗	✓	✗	✓	✗	✓	✗	✗	✗	✗	✗
	Hautreinigung	✓	✓	✓	✗	✓	✓	✓	✓	✓	✓	✓	✗
	Entspannende Bäder	✗	✗	✗	✓	✗	✗	✗	✓	✗	✗	✗	✓
	Sauna und Bürstenmassage	✓	✗	✗	✗	✓	✗	✗	✗	✓	✗	✗	✗
Neumond	Fastenbeginn/ Entschlackungskuren	✓	✓	✓	✓	✓	✓	✓	✓	✓	✓	✓	✓

Neumond   Zunehmender Mond   Vollmond   Abnehmender Mond   ✓ Günstig ✗ Ungünstig

Mondmeditation

Wann immer Sie die Gelegenheit haben, draußen in der Natur den Mond zu beobachten, sollten Sie diese Betrachtung mit einer kleinen Meditation verbinden. Je nach Mondphase konzentrieren Sie sich auf den zunehmenden oder abnehmenden Mond, auf den Vollmond oder Neumond, so wie es in der nachfolgenden Meditation beschrieben wird.

Da solche Meditationen draußen in der freien Natur nicht immer möglich sind, bemalen oder bekleben Sie vier weiße Kartons mit

- einem silbernen Kreis für den Vollmond,
- einer silbernen Sichel in der Form des abnehmenden Mondes (nach rechts geöffnet),
- einer silbernen Sichel in der Form des zunehmenden Mondes (nach links geöffnet),
- einem schwarzen Kreis für den Neumond.

Sie können natürlich auch Fotos auswählen, auf denen der Mond in der jeweiligen Form dargestellt ist.

Dem Wandel des Mondes folgen

Wählen Sie für diese Meditation einen dunklen Raum, den Sie mit einer Kerze erleuchten. Setzen Sie sich aufrecht hin, möglichst im Meditationssitz, schließen Sie die Augen, und konzentrieren Sie sich auf Ihren Atem. Mit jedem Ausatmen entspannen Sie sich mehr und mehr. Richten Sie Ihre Aufmerksamkeit mindestens fünf Minuten lang auf den Atem, und lassen Sie den Atem immer ruhiger und rhythmischer werden.

NEUMOND Beginnen Sie, indem Sie den schwarzen Kreis eine Weile betrachten. Schließen Sie die Augen, und lassen Sie dieses Bild auf sich nachwirken. Nehmen Sie zunächst wahr, welche Gedanken oder inneren Bilder dazu auftauchen. Richten Sie Ihre Aufmerksamkeit jetzt auf Begriffe wie Ruhe, Stille, Sammlung. Versuchen Sie, diese Ruhe in sich wahrzunehmen. Alle auftauchenden Bilder und Gedanken lassen Sie jetzt weiterziehen und kommen dabei immer wieder zur Stille und Sammlung zurück. Unterstützend sollten Sie jetzt tiefer ausatmen und mit jedem Ausatmen bewusst loslassen.

ZUNEHMENDER MOND Öffnen Sie nach einiger Zeit die Augen, und betrachten Sie die silberne Sichel des zunehmenden Mondes. Schließen Sie die Augen wieder, und lassen Sie dieses Bild innerlich auftauchen. Dann lenken Sie Ihre Aufmerksamkeit auf Begriffe wie Öffnung, Zunahme von Energie. Unterstützend vertiefen Sie jetzt das Einatmen und spüren, wie der Atem den Körper belebt.

VOLLMOND Öffnen Sie wieder die Augen, und betrachten Sie den silbernen Vollmondkreis. Nachdem Sie die Augen geschlossen haben, lassen Sie den vollen silbernen Kreis vor Ihren inneren Augen entstehen. Lenken Sie die Aufmerksamkeit auf Begriffe wie Fülle, Kraft, Aktivität, Intensität. Spüren Sie mit Hilfe eines vollen und tiefen Einatmens und eines kräftigen und langen Ausatmens, wie sich diese Fülle und Kraft in Ihrem Körper anfühlt.

ABNEHMENDER MOND Nach einigen Minuten öffnen Sie die Augen und betrachten das letzte Bild, das des abnehmenden Mondes. Jetzt lassen Sie dieses Bild von innen heraus mit geschlossenen Augen entstehen. Konzentrieren Sie sich auf Begriffe wie Loslassen, Ausscheiden, Reinigen. Beim Ausatmen stellen Sie sich vor, wie Sie mit dem Ausatmen loslassen, was Sie nicht mehr brauchen – körperlich und seelisch.

Wenn Sie diese Mondmeditation regelmäßig durchführen, leben Sie leichter im Rhythmus des Mondes. Sie werden spüren, wann es Zeit ist, Energie aufzunehmen, mehr zu essen, aktiver zu sein, und wann es Zeit ist, mehr zu ruhen, mehr loszulassen und zu entgiften.

Achten Sie bei jeder Meditation auf das richtige Ein- und Ausatmen, und seien Sie ganz eins in diesem Rhythmus.

Yoga zur Stärkung der Mondkraft

Übungen aus der altindischen Yoga-Lehre sind besonders geeignet, die Mondkraft im Menschen und damit seine Widerstandskraft zu stärken und die Gesundheit zu verbessern. Yoga ist weit mehr als Gymnastik. Ganzheitlich gesehen umfasst es das Heilwerden von Körper, Geist und Seele.

Die Ursprünge der altindischen Yoga-Lehre gehen bis ins erste vorchristliche Jahrtausend zurück. Einheit zu erlangen, ist das Ziel dieser Weisheitslehre: die Einheit von Körper, Seele und Geist, die Einheit unserer weiblichen, mondhaften und unserer männlichen, sonnenhaften Seite und nicht zuletzt die Einheit des Menschen mit Gott, mit den kosmischen Kräften. Diesen Weg bezeichnet man als Hatha-Yoga. Das aus der altindischen Sanskritsprache stammende Wort Hatha bedeutet so viel wie Ha = Sonne und Tha = Mond. Es geht also um die Verbindung von Sonne und Mond, von Aktivität und Passivität, von Kräften, die nach außen und Kräften, die nach innen gerichtet werden. In diesem Übungssystem gibt es eine Vielzahl von Körperübungen, so genannte Asanas. Sie dienen dazu, den Körper beweglicher, stabiler und gesünder zu erhalten.

Nachfolgend finden Sie einige Beispiele für Übungen, die die Mondkraft stärken und damit auch unsere Fähigkeit, sich mit unserem Innenleben auseinander zu setzen, zu reflektieren und unsere weibliche Seite besser zu spüren.

Durch die Yogaübung »Halbmond« wird das Erkennen innerer Bilder gefördert.

Halbmond – Ardha Chandrasana

Bei dieser Übung sollte die Aufmerksamkeit auf das so genannte dritte Auge gerichtet sein, indem man sich auf die Nasenwurzel konzentriert. Damit wird die Fähigkeit des inneren Sehens gefördert.

Variante I

- Gehen Sie in den Kniestand, und stellen Sie das rechte Bein nach vorne. Beugen Sie jetzt das Knie, und gehen Sie mit Ihrem Fuß soweit nach vorne, dass sich das gebeugte Knie direkt über dem Fuß befindet. Das linke Bein ist nach hinten gestreckt.
- Lassen Sie den Körper so weit wie möglich zum Boden kommen; das Gewicht liegt nicht auf dem vorderen Knie, sondern der Körperschwerpunkt ist in der Mitte.
- Falten Sie die Hände vor der Brust, und strecken Sie die Arme einatmend nach oben.
- Beugen Sie mit dem nächsten Ausatmen den Oberkörper und die Arme zurück, und schauen Sie nach oben, dabei tief atmen.
- Kommen Sie einatmend wieder zur Mitte, und wechseln Sie die Beine.

Variante II

- Die gleiche Ausgangsstellung wie bei Variante I.
- Legen Sie die rechte Hand auf das rechte Knie und die linke Hand auf die linke Oberschenkelrückseite.
- Drehen Sie ausatmend den Oberkörper nach links, und schauen Sie nach hinten.
- Einatmend kommen Sie wieder zurück und wechseln die Seite.

Variante III

- Kommen Sie in den Kniestand, und strecken Sie das rechte Bein zur Seite. Das Knie ist durchgestreckt, der Fuß seitlich aufgestellt; beide Hüftknochen schauen nach vorne.

- Heben Sie einatmend die Arme, die Handflächen sind aneinander gelegt. Beugen Sie sich ausatmend nach rechts, und atmen Sie tief ein.
- Mit dem Einatmen zur Mitte kommen und die Übung zur anderen Seite durchführen.

Anschließend zur Entspannung in den Kniestand kommen und die Stirn entweder auf den Boden und die Arme nach unten legen oder die Stirn auf den übereinandergelegten Fäusten abstützen. Die Übung sollte bei folgenden Erkrankungen vorsichtig ausgeführt werden:

- Kniearthrose,
- Meniskusschäden,
- Bandscheibenschäden.

Zange – Paschimottasana

Diese Übung stärkt die Hingabebereitschaft, aber auch die Fähigkeit, sich nach innen zu wenden. Die Außenwelt wird für die Zeit der Übung unwichtig. Geduldiges und ausdauerndes Üben ist notwendig. Gehen Sie sanft mit sich um, und überfordern Sie sich nicht.

» Affirmation: *Ich lasse los und vertraue dem Wandel*

Variante I

- Sie sitzen auf dem Boden, die Beine sind angezogen.
- Umfassen Sie die Füße mit den Händen, und gehen Sie mit den Füßen langsam nach vorne. Die Nase zeigt in Richtung Zehenspitzen.
- Atmen Sie tief und ruhig in die Dehnung hinein, bevor Sie langsam aus der Übung herauskommen.

Variante II

- Setzen Sie sich mit gestreckten Beinen auf den Boden; der Rücken ist gerade aufgerichtet, die Zehen zeigen Richtung Körper. Legen Sie die Hände auf die Knie.
- Strecken Sie einatmend die Arme nach oben.
- Ausatmend beugen Sie sich langsam mit geradem Rücken nach vorne. Der Kopf bleibt zwischen den Armen und in Verlängerung der Wirbelsäule. Die Dehnung kommt aus der Lendenwirbelsäule, das Brustbein wird Richtung Beine gedehnt. Atmen Sie so tief wie möglich.
- Umfassen Sie die Zehen (oder Füße, Fußgelenke oder Unterschenkel – je nach Möglichkeit).
- Einatmend richten Sie sich mit gestreckten Armen auf.

Die Variante II der Übung »Zange« erfordert regelmäßiges und geduldiges Training.

Die Übung sollte bei folgenden Erkrankungen vorsichtig ausgeführt werden:

- Bandscheibenbeschwerden oder nach einem Bandscheibenvorfall,
- bei sehr hohem Blutdruck.

Lebendige Weiblichkeit mit Luna-Yoga

Luna-Yoga ist eine spezielle Yoga-Form, die in den achtziger Jahren von der Yogalehrerin Adelheid Ohlig kreiert wurde. Sie basiert auf der Yoga-Lehre und auf speziellen Körperübungen der Israelin Avia Steiner.

Diese Yogaübungen beziehen sich vor allem auf Unterleibsprobleme der Frau wie Zyklusstörungen oder ausbleibende Schwangerschaft. Der Name Luna-Yoga weist auf die Verbindung des Mondes mit dem Weiblichen hin.

»Luna-Yoga hat natürlich viel mit dem Mond zu tun. (...), launisch, wechselhaft und stets im Wandel. Luna-Yoga weckt Lust an der Wandelbarkeit der Natur und heißt die Launen des Monds willkommen. Sie bringen Abwechslung ins Leben und machen Lebendigkeit aus.« (A.Ohlig)

» Affirmation: *Mit meinem inneren Auge sehe ich das Wesentliche!*

Mit Hilfe der entsprechenden Übungen können sowohl die Empfängnisbereitschaft als auch die Zeugungsfähigkeit erhöht werden. Sie haben sich ebenfalls bewährt bei der Behandlung körperlicher Beschwerden im Bereich des Unterleibs. Zu empfehlen ist Luna-Yoga auch als begleitende Therapie bei Essstörungen.

Der Mond und seine Entsprechungen

Montag ist der Tag des Mondes. Zahlreiche Bereiche und Gegenstände im Alltagsleben haben einen besonderen Bezug zum Mond. Dazu gehören insbesondere Mineralien wie Aquamarin und Smaragd, Farben wie Weiß und Silber, das Metall Silber, z. B. als Schmuck, die Tarotkarte »Der Mond«. Viele Beispiele in der Musik wie die »Mondscheinsonate« von Beethoven beweisen die enge gefühlsmäßige Verbindung zwischen Mensch und Mond.

Mondsteine

Aquamarin

Dieser Stein wurde im Mittelalter oft mit der Fähigkeit der Weissagung in Verbindung gebracht. Das Tragen oder die Einnahme eines Edelsteinelixiers aus Aquamarin soll hellseherische Fähigkeiten fördern.

Perle

Die Perle ist zwar kein Edelstein, sondern ein Mineral, wird aber häufig wie ein Edelstein in Form von Schmuck getragen. Sie ist in vielerlei Hinsicht mit dem Mond verbunden: durch ihre weißlich-milchig schimmernde Oberfläche, durch ihre Herkunft aus dem Meer und durch ihr Wachsen in der weichen, weißlichen Auster.

Mondstein

Dieser Stein wird wie der Aquamarin ebenfalls mit hellseherischen Fähigkeiten in Verbindung gebracht.

Smaragd – der Glücksstein der Krebsgeborenen

Hildegard von Bingen sagt dazu: »Der Smaragd ist ein wirksames Mittel gegen alle Gebrechen und Krankheiten des Menschen, weil die Sonne ihn hervorbringt und seine Materie der frischen Luft entstammt. Wer also am Herzen, im Magen oder in der Seite Schmerzen hat, trage einen Smaragd bei sich, um seinen Körper zu wärmen, und es wird ihm besser gehen.« Der Smaragd gilt besonders als Glück bringend für werdende Mütter.

Opal

Schimmernd wie der nächtliche Mond auf dem Wasser ist dieser Stein. Er wird mit der Qualität des Mondes, dem Weiblichen, Mystischen und Geheimnisvollen in Verbindung gebracht.

Mondfarben

Die Farben, die am häufigsten mit dem Mond in Verbindung gebracht werden, sind Weiß und Silber, bezogen auf den weißen, silbernen Schein des Himmelskörpers. Manchmal wird auch Grün zu den Mondfarben gezählt.

Metall

Das dem Mond zugeordnete Metall ist das Silber. Es repräsentiert die Reaktions- und Reflexionsmöglichkeiten des Menschen. Wie ein Spiegel – eine Glasscheibe, die auf ihrer Rückseite mit Silber beschichtet ist – ist auch der Mond Reflektor, der die Strahlen der Sonne auffängt und widerspiegelt. Silber in homöopathischer oder spagyrischer Form wirkt auf das Gehirn ausgleichend, z. B. Argentum nitricum oder Cerebretik von Soluna.

Sie können natürlich auch Silberschmuck tragen, um sich mit der Kraft des Mondes zu verbinden.

Tarotkarte Nr. XVIII »Der Mond«

Taucht diese Karte, die Nummer XVIII des Großen Arkanum auf, so konfrontiert sie uns auf einer tiefen Ebene mit dem Mondprinzip, dem Prinzip der Spiegelung, der Weiblichkeit, der Empfänglichkeit, der eigenen Intuition, aber auch mit dem Schattenreich der Täuschung und Illusion. Sie fordert uns auf, die dunklen Tiefen der Seele zu ergründen und sich mutig den Träumen und Albträumen zu stellen.

Diese Tarotkarte steht für das Unbewusste, die tief innen wohnende weibliche Kraft. Sie steht für Phantasie, aber auch für Ängste und Grenzerfahrungen, für Hinter- und Tiefgründiges.

Die Darstellung des Mondes aus dem Rider-Waite-Tarotset.

Um Einsicht in die Tiefen unseres Selbst und in die Macht des Unterbewusstseins zu gewinnen, müssen wir uns mit Problemen wie Täuschung und Verdrängung, mit unserem inneren Chaos und unseren Illusionen auseinander setzen.

Die Begegnung und Arbeit mit unseren inneren Bildern und Träumen kann uns dabei helfen. Begegnen Sie sich selbst.

Der Montag ist ideal, sein Wissen über Kräuter und Pflanzen zu erweitern. An diesem Tag werden Zusammenhänge intuitiv verstanden.

Montag – der Tag des Mondes

- In der Volksmedizin gilt der Montag als Tag der Hebammen, der Kräuterkundigen, der weisen Frauen, der Teufelsaustreiberinnen und Hexen. Mit der Inquisition verschwand mit den vermeintlichen Hexen auch weitgehend das Volkswissen aus den Bereichen der Kräuter- und Frauenheilkunde. Widmen Sie sich am Montag solchen Themen.
- Beschäftigen Sie sich mit unbewussten Teilen Ihrer Persönlichkeit, indem Sie z. B. Musik hören, Tagträumen oder Imaginations- und Visualisierungsübungen machen. Der Montag ist ein geeigneter Tag für Therapien, bei denen es um die Freisetzung gefühlsgeladener familiärer Inhalte aus der Vergangenheit geht. Es ist ein guter Tag für Musiktherapie und Trancearbeit.
- Wenn Sie ein Problem haben, wählen Sie den Montag, um aus Ihrem Inneren phantasievolle und kreative Lösungsmöglichkeiten zu erhalten.
- Widmen Sie sich an diesem Tag Ihrer Familie und Ihren Freunden. Umsorgen Sie andere, indem Sie sie zum Essen einladen und das Zusammengehörigkeitsgefühl stärken. Nehmen Sie sich Zeit für Berührung, für körperliche Intimität und Austausch von Zärtlichkeit. Der »Mondtag« hat die geeignete Energie, um ein Kind zu zeugen.
- Der Montag ist ein geeigneter Tag für einen Besuch beim Frauenarzt, beim Urologen oder Internisten. Er eignet sich außerdem gut für Frauengruppen, Schwangerschaftsgymnastik und Meditationsgruppen.
- Vermeiden Sie an diesem Tag übermäßige Anstren-

gung oder extreme Sportarten. Planen Sie für den Montag einen Spaziergang an frischer Luft und möglichst an Gewässern ein. Dieser Tag ist gut geeignet für Yoga, Qigong und Tai-Chi. Auch eine Massagebehandlung ist an diesem Tag besonders wirkungsvoll.

- Meiden Sie schwer verdauliche oder zu stark gesalzene Speisen, und trinken Sie nicht zu viel Alkohol. Der Montag ist ein guter Tag, um mögliche Ernährungsfehler des Wochenendes auszugleichen. Meiden Sie Gebratenes und in Fett Gebackenes sowie Kaffee und üppige Torten.

Die Lehren aus altem Volkswissen

- Der Montag galt als ungünstiger Tag für den Beginn eines neuen Unternehmens.
- Man sollte an diesem Tag kein Geld ausgeben und verleihen. »Wer sich am Montag Geld borgt, zahlt es nicht zurück.« Erbschaften, die man am Montag antritt, sind schnell verloren.
- Am Montag sollte man keine Hochzeit feiern (dieses Verbot stammt wohl aus einer ganz praktischen Überlegung, dass man am Sonntag nichts vorbereiten konnte, nicht schlachten etc.).
- Am Montag sollte man keine Kinder taufen und auch keine Kinder abstillen, weil sie sonst kein Glück im Leben haben. Mit dem Montag sollte kein neues Schuljahr und keine Einschulung beginnen.
- Am Montag sollte man keine Wäsche waschen, nicht weben oder spinnen.
- Am Montag durfte keine Beerdigung stattfinden, weil die Seele dann nicht in den Himmel kommen kann.
- Wer am Montag Unglück hat, den verfolgt es die ganze Woche.
- Am Montag sollte man keine Reise antreten, besonders nicht zu Wasser.

Der Mond in der Musik

Die Faszination des Mondes wirkte vor allem auf die großen Komponisten der Klassik und Romantik. Bezaubert von der Wirkung des Mondes vertonten sie eine Vielzahl von Gedichten über den Mond. So entstand ein großes Repertoire stimmungsvoller Musik. Beethovens Klaviersonate zum Beispiel trägt den Beinamen »Mondscheinsonate«. Die Impressionisten hingegen schufen silbrig perlende Klaviermusik, durch die sie vom Licht des Mondes inspiriert waren.

Nachfolgend finden Sie einige Musikstücke, die Ihnen auf verschiedenste Weise den Zauber des Mondes nahe bringen. Hören Sie diese Musik in einem ganz entspannten Zustand, erinnern Sie sich an eine Mondnacht, oder betrachten Sie, während Sie die Musik hören, den Mond. Lassen Sie sich von der Musik in Ihre innere Welt führen. Achten Sie auf Bilder oder Gefühle, die dabei entstehen.

- Ludwig van Beethoven, Klaviersonate in cis-Moll, op. 27, No. 2 – »Mondscheinsonate«
- Claude Debussy, Clair de lune
- Faure, Requiem, In Paradisum
- Gustav Holst, The Planets
- Christoph Willibald Gluck, Orpheus und Eurydike
- Felix Mendelssohn-Bartholdy, Der Mond, op. 86, No. 5
- Carl Orff, »Ah, da hängt ja der Mond« aus der Oper »Der Mond«
- Paul Lincke, Mondwalzer
- Eberhard Schoener, La Luna aus der Oper »Palazzo dell'amore«
- Robert Schumann, Mondnacht, op. 39 No. 5 (Eichendorff)
- Johann Abraham Peter Schulz, »Der Mond ist aufgegangen« (Matthias Claudius)
- Schwingungen – Schwebungen – Obertöne, Klänge von 2 Monochorden
- Giacomo Puccini, »Perché tarda la luna?« aus der Oper »Tosca«

Romantisch idealisierend ist diese Illustration – ganz im Zeitgeist der dreißiger Jahre des 20. Jahrhunderts, die im Buch »Deutsche Kinderlieder« zu finden ist.

Mondbegriffe

Anfangs wurde bereits ausführlicher über den Mond als Himmelskörper gesprochen, über seinen Lauf, seine Entfernung zur Erde und seine Erscheinungsformen (siehe »Der Mond astronomisch« Seite 5). Abschließend nochmal die wichtigsten Fachbegriffe zum astronomischen Mond auf einen Blick.

Lunation

Auch synodischer Mondzyklus oder synodischer Monat genannt. Gemeint ist damit ein vollständiger Ablauf aller Mondphasen von Neumond zu Neumond.

Mond

Ein Himmelskörper, der die Erde als Trabant ständig umkreist. Der Mond dreht sich in 27 1/2 Tagen um die eigene Achse. Dabei wendet er der Erde stets die gleiche Seite zu. Die Begegnung des Mondes mit der Sonne (Neumond) findet alle 29 Tage statt (synodischer Zyklus). In dieser Periode entstehen die verschiedenen Lichtgestalten des Mondes (Mondphasen oder Lunationen). Der Mond strahlt kein eigenes Licht aus, er wird von der Sonne beleuchtet.

Mondfinsternis

Sonne und Mond stehen nach den Längen und Breitengraden hintereinander in Konjunktion zu einem Mondknoten.

TOTALE MONDFINSTERNIS Eine totale Mondfinsternis findet statt beim Durchgang des Vollmondes durch den Erdschatten, d. h. die Erde steht zwischen Sonne und Mond, so dass der Mond nicht mehr von der Erde angestrahlt wird. Aufgrund der Bahnneigung des Mondes gegen die Ekliptik ist eine Mondfinsternis nur in der Nähe des Mondknotens (Drachenpunkt) möglich. Eine totale Mondfinsternis dauert bis zu einer Stunde.

PARTIELLE MONDFINSTERNIS Bei einer partiellen Mondfinsternis streift der Mond den Schattenkegel der Erde.

Mondkalender

Der Mondkalender ist eine Form der Zeitmessung, die sich am Lauf des Mondes orientiert. Mondkalender müssen etwa alle drei Jahre einen Schalttag hinzufügen. Nur so wird er den Mondphasen in ihrem stetigen Wandel gerecht und bleibt dadurch stimmig.

Mondphasen

Ein vollständiger Umlauf des Mondes um die Erde dauert 29 1/2 Tage (synodischer Zyklus). In dieser Zeit zeigen sich die verschiedenen Lichtgestalten des Mondes am Himmel. Sie entstehen durch die wechselnde Stellung von Sonne, Mond und Erde zueinander.

NEUMOND Dunkelmond oder unsichtbarer Mond. Sonne und Mond stehen in Konjunktion zueinander. Der Mond ist nicht sichtbar, die Sonne beleuchtet die von der Erde abgekehrte Seite. Wenn der Mond wieder sichtbar wird, sich also von der Sonne entfernt, nimmt er zu (= zunehmender Mond).

HALBMOND (oder: Erstes Viertel) Hat der Mond etwa ein Viertel seines Umlaufs hinter sich gebracht, steht er im Quadrat zur Sonne. Wir sehen ihn dann als Halbmond am Himmel.

VOLLMOND Nach ca. zwei Wochen seines Umlaufs steht der Mond genau in Opposition zur Sonne, er ist als volle runde Scheibe zu sehen. Nun beginnt die Phase des abnehmenden Mondes.

HALBMOND (oder Letztes Viertel) Der Mond steht wieder im Quadrat zur Sonne und ist als abnehmende Mondsichel am Himmel zu sehen. Nach ca. vier Wochen hat der Mond seinen Umlauf beendet. Es ist wieder Neumond. Bei einer weiteren Unterteilung der Grundphasen des Mondzyklus erhalten wir acht Mondphasen: Neumond, Sichelmond, Erstviertelmond, Buckelmond, Vollmond, Aussaatmond, Letztviertelmond, Balsamischer Mond.

Siderischer Mondmonat

Die Zeit zwischen zwei aufeinander folgenden Durchgängen des Mondes durch den Stundenkreis eines Fixsterns. Er dauert 27 Tage, sieben Stunden, 43 Minuten.

Synodischer Mondmonat

Bezogen auf zwei gleiche Mondphasen, von Neumond zu Neumond. Er dauert durchschnittlich 29 Tage, zwölf Stunden und 44 Minuten.

Mondwissen von A–Z

Abnehmen bei abnehmendem Mond; bei Neumond einen Diättag einlegen

Allgemeine Entsprechungen für den Mond sind Mutter, Muschel, Ei, Brust, Ebbe und Flut, Wohnung, Haus, Wasser, Nacht, Kindheit, Heimat sowie Öffentlichkeit und Popularität

Archetyp die Mutter, das Kind

Astrologische Symbolik Der Mond gehört zu dem Tierkreiszeichen Krebs und zum vierten Haus im Horoskop.

Düngen bei Vollmond oder abnehmendem Mond

Entrümpeln bei abnehmendem Mond

Haare schneiden an Löwe- oder Jungfrautagen, unabhängig ob der Mond ab- oder zunimmt

Hautpflege wenn z. B. aufbauende Stoffe zugeführt werden bei zunehmendem Mond

Kräuter sammeln an einem trockenen Tag bei abnehmendem Mond

Für den Mann die eigene weibliche Seite, die Beziehung zum weiblichen Geschlecht

Massagen zur Enspannung bei abnehmendem Mond

Mondberufe Alle Menschen in therapeutischen und sozialen Berufen wie Ärzte, Heiler, Krankenschwestern; Therapeuten sowie Künstler und Schriftsteller haben eine starke Beziehung zum Mond.

Mondfarben Silber, Weiß, Grün

Mondkrankheiten Störungen des vegetativen Nervensystems, Nervosität, Depressionen, Frauenleiden aller Art, Essstörungen, Verdauungsstörungen

Mondpflanzen Wasserpflanzen, Nachtkerze, Judas-Silberblatt, Mistel, Gurke, Melone, Kürbis, Reis

Mondsteine Opal, Karneol, Mondstein, Perle, Saphir, Aquamarin, Rhodochrosit, Smaragd

Mondtiere Kühe, im Wasser lebende Säugetiere, Krabben, Schildkröten

Mond und Metall Silber

Nägel schneiden an einem Steinbocktag, unabhängig davon ob der Mond ab- oder zunimmt

Operationen am günstigsten bei abnehmendem Mond

Pflanzenrückschnitt bei abnehmendem Mond, möglichst dicht am Neumond

Politisch-Gesellschaftlich das Volk, die Öffentlichkeit

Psychisch die Frau, Weiblichkeit, Intuition, Sensibilität, Seele, Unbewusstes, Gefühl, Empfindungen, Anpassung, Empfänglichkeit, Verwundbarkeit, Sicherheit, Reaktion, Launen, Stimmungen, Phantasie, Traum, Wünsche und Pläne, Schutz für die ersten sieben Lebensjahre

Physisch der Magen, das Drüsensystem, die Gebärmutter, die Brust, das Lymphsystem, der Verdauungstrakt, der Flüssigkeitshaushalt, das vegetative Nervensystem, das Kleinhirn, das Gedächtnis

Rasen aussäen bei zunehmendem Mond im April, Mai

Reinigungsarbeiten jeder Art (Haus und Körper) bei abnehmendem Mond

Umtopfen bei zunehmendem Mond

Ungezieferbekämpfung bei abnehmendem Mond

Unkrautjäten bei abnehmendem Mond

Wäschewaschen bei abnehmendem Mond

Wohnungsumzug bei zunehmendem Mond

Literaturverzeichnis

Banzhaf Hajo/Haebler Anna *Schlüsselworte zur Astrologie,* Hugendubel, München 1994

Fritschi *Kräuterspagyrik* Hubendubel, München 1990

George, Dementra *Die sich entwickelnden Bedürfnisse von Frauen, Der Mond und die Blutmysterien.* In: Astrologie für Frauen, Gloria Star (Hrsg.), Ullstein, München 1999

Greene Liz/Sasportas Howard *Sonne und Mond* Hugendubel, München 1994

Haebler, Anna *Atlas der Astrologie,* Ludwig Verlag, München 2001

Herrmann, Joachim *Welcher Stern ist das?* Franckh-Kosmos Verlags GmbH & Co., Stuttgart 1992

Ripota, Peter *Zeitschrift P.M. Die moderne Welt des Wissens,* Ausgabe Oktober 2001

Röcker Anna *Atlas des Ganzheitlichen Heilens* Ludwig Verlag, München 1998; *Yoga-Übungseinheiten* Econ, München, 1998

Rudhyar, Dane/Leyla Rael-Rudhyar *Der Sonne/Mondzyklus* Edition Astrodata, CH Wettswil 1988

Sagan Samuel *Heilende Planetenkräfte* Ebertin-Verlag, Freiburg/Breisgau, 1998

Selawry A. *Metall-Funktionstypen* Haug Verlag, Heidelberg 1985

Veltmann W.F. *Menschentypen* Verlag Freies Geistesleben, Stuttgart 1997

Weise Daniela/Ludwig Klemens *Das große Lexikon der Astrologie,* Falken, München 2001

York, Ute *Mondzeit* Droemer, München 1993

Zimmermann Helmut/Alfred Weigert *Lexikon der Astronomie* Spektrum Akademischer Verlag GmbH, Heidelberg / Berlin 1995

Impressum

Über die Autorinnen

Anna Haebler beschäftigt sich seit 20 Jahren mit der Astrologie. In ihrer praktischen Arbeit verbindet sie sinnvoll die Erkenntnisse aus Psychologie, Astrologie und Sozialpädagogik. Zusammen mit Hajo Banzhaf veröffentlichte sie die »Schlüsselworte zur Astrologie«. Einige ihrer Bücher sind bereits Bestseller und in mehrere Sprachen übersetzt.
Kontaktadresse: haebler@planet-b.net
Astrologische Beratung, Informationen über Astrologieseminare für spagyrische Kosmetik bei Anna Haebler, Telefon 0 81 44 / 438.

Anna Elisabeth Röcker ist Heilpraktikerin, Musiktherapeutin und Yoga-Lehrerin in eigener Praxis und Dozentin an Volkshochschulen und anderen Instituten. Veröffentlichte Bücher sind u. a.: Yoga – Das Übungsbuch für Lebensfreude und Gelassenheit, Yoga-Übungseinheiten, Klangreisen in die Seele, Die Spiritualität des Körpers. Zu diesen Themen bietet sie Seminare an.

Bildnachweis

AKG, Berlin: 4 o. (Erich Lessing), 21 m. (Gilles Mermet), 8 re. u., 8 li. u., 12 re., 18/19–Fond, 19 re., 44/45–Fond, 44 u.; Astrofoto, Sörth: 6–Planet Sonne (Eit Soho Nasa); Bildarchiv Steffens, Mainz: 14 u., 19 li., 20/21–Fond, 20 u., 21 o., 21 re. u., 21 li. u., 22 u. (Bridgeman Art Library); BPK, Berlin: 12 li., 18 u.; Gettyimages, München: 2/3 (Lizenzfrei – Artville/Harnett/Hanzon), 2 (Lizenzfrei – Photodisc/Fototeca Storica Nationale); Ifa-Bilderteam, München: 10, 32 u. (Direct Stock), 46/47–Fond (International Stock); Image Bank, München: U1 (Grant v. Faint), U1–Mondphasen: (Rob Atkins), 36/37–Fond (Chris Cole), 42–Perle (Stefano Scata); Mary Evans Picture Library, London: 8/9–Fond (Explorer), 12/13–Fond, 20 o; Mauritius-Bildagentur, Mittenwald: 35 (age); Photonica, Hamburg: 23 o.–Sternzacken: Winter (Miyoko Komine), Frühling+Sommer (Toshiya Kumakura), Herbst (Johner), 40/41–Fond (Fumio Otsuka); Pictor, München: 4, 38, 22/23–Mond (Lizenzfrei); Superbild, München: 24/25 (Walsh-Bach); Südwest Verlag, München: 3 u. (Roger Kausch), 38 li. o., 42 o. (Barbara Bonisolli), 39 Einkl. + Fond, 40 u., 41 o. (Michael Nagy), 42/43–Fond, 42–Aquamarin, Mondstein, Opal, Smaragd (Michael Holz); Zefa, Düsseldorf: 14–Erde (Kehrer), 14–Wasser (PS–Fotodesign), 15–Feuer (Allofs), 15–Luft (Scheibe), 26/27 (Auslöser), 32/33–Fond (Krahmer), 34 (Miles)

Hinweis

Impressum

2. unveränderte Auflage 2002

Redaktion Michael Schaeffer, Karin Stuhldreier
Projektleitung Karin Stuhldreier
Bildredaktion Tanja Nerger
Produktion Manfred Metzger, Annette Aatz, Monika Köhler
Umschlag und Innengestaltung Jan-Dirk Hansen
DTP/Satz und Infografiken Jan-Dirk Hansen

Printed in Slovakia
Gedruckt auf chlor- und säurearmem Papier

ISBN 3-7787-5027-5

Register

Der Geburtsmond in den Tierkreiszeichen

	Körperregion	Farben	emotionale Grundstimmung positiv	negativ
Feuerzeichen				
Widder	Kopf	Rot	offen, spontan, lebhaft, impulsiv	innere Gereiztheit, unreflektierte emotionale Ausbrüche
Löwe	Rücken, Herz	Orange, Gold	warm, herzlich, natürlich, großmütig, wohlwollend	Empfindsamkeit gegenüber Kritik, Hang zur Selbstüberschätzung
Schütze	Beine, Hüfte	Lila, Dunkelrot	fröhlich, idealistisch, begeisterungsfähig, phantasievoll	Ungeduld mit sich und anderen Rückzug in Phantasiewelten
Luftzeichen				
Zwillinge	Schulter, Arme, Hände	helles bis kräftiges Gelb	spielerisch, neugierig, unbekümmert	Flucht ins Rationale, Unverbindlichkeit
Waage	Haut, Nieren	Hell- u. Taubenblau, Rosa	heiter, feinfühlig, liebevoll, kontaktfreudig	Beziehungs- und Harmoniesucht, Mangel an Konfliktbereitschaft, zu große Kompromissbereitschaft
Wassermann	Waden, Blutkreislauf	Eisblau, Metallicfarben	aufrichtig, freundschaftlich verständnisvoll	Rückzugstendenzen, Ausweichen vor emotionalen Konflikten
Erdzeichen				
Stier	Hals, Nacken	kräftiges Grün, Erdfarben	sinnlich, zufrieden, beständig, friedlich	Mangel an Spontanietät und Beweglichkeit, Ausweichen vor Veränderungen
Jungfrau	Bauch, Magen, Darm	Hellbraun, -grün, Sandfarben	zart, gefühlvoll, vorsichtig, zurückhaltend, geduldig	übertriebenes Streben nach Sicherheit und Perfektion
Steinbock	Kniegelenk, Haut	Dunkelblau u. -grün, Anthrazit	klar, dauerhaft, fürsorglich, vorsichtig, zuverlässig	die Gefühle der Vernunft unterzuordnen
Wasserzeichen				
Krebs	Brust	Beige, Silber, wässrige Farben	gefühlsbetont, hingabefähig, hilfsbereit, sanft, gesellig	zu große Anpassungsbereitschaft, Rückzug in eine Traumwelt
Skorpion	Harnleiter, Geschlechtsorgane	Rot, Schwarz	intensiv, stark, geheimnisvoll, leidenschaftlich	Probleme, emotionale Distanz und Objektivität zu finden; Verlustängste
Fische	Hals, Nase, Ohren, Füße	schimmernde Farben, Pastell	sensibel, zärtlich, einfühlsam, intuitiv, hingebungsvoll	Schwierigkeiten, sich emotional abzugrenzen